U0498601

# 金融职业能力培养与实训

## TRAINING GUIDE FOR FINANCIAL CAREER SKILLS

郭静林 主编　　崔中山 副主编

Southwestern University of Finance & Economics Press
西南财经大学出版社
中国·成都

**图书在版编目(CIP)数据**

金融职业能力培养与实训/郭静林主编 . —成都:西南财经大学出版社,
2019. 9( 2021. 8 重印)

ISBN 978-7-5504-4106-4

Ⅰ.①金… Ⅱ.①郭… Ⅲ.①金融学 Ⅳ.①F830

中国版本图书馆 CIP 数据核字(2019)第 184734 号

**金融职业能力培养与实训**

JINRONG ZHIYE NENGLI PEIYANG YU SHIXUN

郭静林 主编

崔中山 副主编

| | |
|---|---|
| 责任编辑 | 王利 |
| 封面设计 | 穆志坚　张姗姗 |
| 责任印制 | 朱曼丽 |
| 出版发行 | 西南财经大学出版社(四川省成都市光华村街55号) |
| 网　　址 | http://cbs.swufe.edu.cn |
| 电子邮件 | bookcj@swufe.edu.cn |
| 邮政编码 | 610074 |
| 电　　话 | 028-87353785 |
| 照　　排 | 四川胜翔数码印务设计有限公司 |
| 印　　刷 | 成都市火炬印务有限公司 |
| 成品尺寸 | 170mm×240mm |
| 印　　张 | 12 |
| 字　　数 | 236 千字 |
| 版　　次 | 2019 年 9 月第 1 版 |
| 印　　次 | 2021 年 8 月第 2 次印刷 |
| 书　　号 | ISBN 978-7-5504-4106-4 |
| 定　　价 | 38.00 元 |

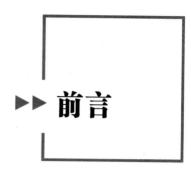

## ▶▶ 前言

　　金融业作为现代社会经济的重要支柱产业，其繁荣与否也在一定程度上代表着一国经济的兴衰，因此从战略意义上看，金融业一直是国家宏观经济治理中的重点行业之一，也是吸纳各类人才的重要就业领域。在我国金融行业内部各领域不断细化、互联网金融不断冲击传统金融业、金融规范与管控政策不断加强的大环境下，金融机构的种类和数量都在迅速增加，对金融及其相关专业人才的需求提出了更多新的要求，也使金融从业人员在结构和质量上逐渐发生着转变。

　　本教材针对我国金融行业对相关专业人才的现实需求及其变化趋势，将金融行业中各类型金融机构的职能环境特征融合进企业沙盘实训中，建立了一套完整涉及金融企业内外部环境的能力培养体系和实训方案，其内容不仅包含金融企业内部经营所需职业能力的培养及实训，同时还包含金融机构间竞争合作所需的职业能力培养与相关实训环节，以及金融市场营销所需职业能力的培养与实训。除此之外，本教材还配合经济、金融类学科不同专业及其细分方向学生的能力及个性特征，对其适合的职能角色进行差异化塑造和培养，帮助学生在实训中寻找更适合自己的职业目标，并科学地完成职业生涯规划。

　　教材中所提供的金融职业能力培养体系主要包含了五个教学模块和七个实训项目，如前言图 1 所示：

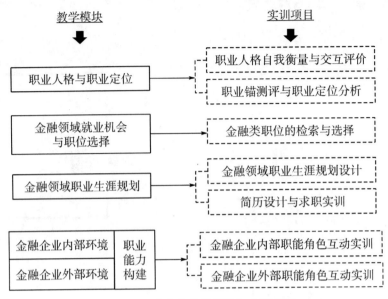

前言图1　本书的教学模块和实训项目

　　其中，第一模块主要对学生的职业人格与职业定位进行指导，并引入了MBTI职业人格测试和职业锚测评作为其对应的实训项目，让学生对自己的职业人格进行自我衡量与交互评价，并初步定位自己的职业倾向；第二模块主要引导学生了解我国金融领域的各类就业机会并指导其进行职位选择，包含一项金融类职位检索及筛选的实训项目。第三模块主要指导学生完成金融领域职业生涯规划，在其包含的实训项目中要求学生结合模块一和模块二的实训成果，完成自己的中长期职业生涯规划设计，并指导学生进行实际的校外求职活动。第四模块和第五模块是本教材的核心及创新部分，主要指导学生构建金融企业内部环境和外部环境所需要的各类职业能力，并在模拟环境中将这些能力予以应用。

　　教学模块中所涉及的职业能力培养体系及实训方案均以我校（重庆工商大学融智学院）发展多年建立起来的教学改革工作作为依托，并结合金融业人才招聘发展趋势的研究成果构建而成。其中，我校从2012年发展至今的"3+1综合实训课程体系"为教材编撰提供了丰富的实训教学素材及经验；2013年我校金融学院施行的"金融学专业实践能力提升计划"第一次提出金融专业职能培训理念并建立了教材实训方案的雏形；2013—2016年我校的市级金融学特色专业建设项目的实施为教材配套课程提供了硬件基础；2014—2016年由本教材主编主持实施的校级教改课题"开放式教学模式在金融类新兴学科中的应用研究"为本教材培训所需的考核标准提供了各类反馈数据；而2016—2018年的市级金融学特色学科专业群建设项目为本教材建设提供了跨专业教学内容的支持；最后，由本教材主编主持并实施的市级教改课题"基于企业职能环境模拟的金融学跨专业实训项目设计与实施"为教材的具体编撰工作提供了直接支持。

　　本教材的特色及创新性主要表现在其对专业知识的衔接性、跨专业、差异化实训、全方位模拟四个方面。首先，教材内容对前期所学专业知识均设置有回顾体系，对后期岗位职能训练设置有技术链接，引导学生在实训过程中将前期所学的各类专业知识与后期实践联系起来；其次，教材强调对学生跨专业知识体系的塑造，同时还注重学生外语能力、计算机能力在金融行业中的应用；第三，教材的编写及设计引入个体差异化培养理念，即对学生的性格特点、专业偏好、社交能力、管理能力等个体因素进行评价后，再按契合程度对其职业角色进行培养，充分认知学生能力的差异性；最后，教材对金融企业职能环境的全方位模拟，以企业运作模式替代传统的传授式实训教学模式，使实训角色分配、实训流程以及实训评估体系均与企业职能挂钩。通过上述四方面的创新，编者希望学生在使用本教材进行相关培训之后，能对金融类专业所设置的学科基础课、专业主干课及专业选修课三大类前期课程体系的理论知识进行综合应用，能将自己在基础及专业课程中分散学习的内容进行串联、整合并付诸实践，使自己的金融职业能力和职场适应性得到极大的提升，成为契合现代金融行业及各类金融机构发展需要的复合型专业人才。

郭静林

2019 年 5 月 19 日

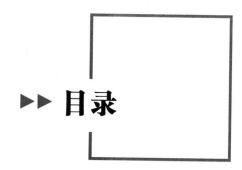

# ▶▶ 目录

# 148/ 模块五 金融企业外部环境中的职业能力构建

# 模块一

# 职业人格与职业定位

## 1.1 职业人格概述

### 1.1.1 职业人格的概念

人格有时也被称为个性，它是一种具有自我意识和自我控制力，具有感觉、情感、意志等机能的主体，同时也是个人所具有的与他人相区别的独特而稳定的思维方式和行为风格。在心理学的解释里，人格是具有一定倾向性的心理特征的总和，它可以被分解为心理倾向、心理特征和自我意识或各种人格特质。然而在现实生活中，一个人的人格并不是以某一种特征或特质的方式表现出来的，而是以人格侧面、子人格的形式表现出来的。因此，我们说人格具有多面性，人在不同的场合会表现出不同的人格特征，比如，在职场或个人职业生涯发展过程中所体现出的人格特征，就可被称为职业人格。

职业人格是一个人为适应社会职业所需要的稳定的态度，以及与之相适应的行为方式的独特结合。职业人格由个人的生活环境、所受的教育以及所从事的实践活动的性质决定。不同的个体在对待其从事的职业时，会展现出不同的心理特征和行为、态度，同时，在一个职业岗位上长期工作也会慢慢培养和发展出就职者与该职位相适应的人格。所以，职业人格可以被理解为一定社会的政治制度、物质经济关系、道德文化、价值取向、精神素养、理想情操、行为方式的综合体。它既是人的基本素质之一，又是人的职业素质的核心部分。

职业心理学的研究表明，不同的职业有不同的个性要求。虽然每个人的性格都不可能完美地契合某项职业，但可以根据自己的职业倾向来培养、发展相应的职业人格。对企业而言，不同的人格特征决定了该员工的工作岗位和工作业绩；而对个人而言，自己所属的职业人格决定了自己的职业定位，以及是否能在所选的职业上长久坚持并获得成功。

一个健康的职业人格包括正确的职业观、良好的职业性格、积极的创新意识以及较强的职业能力。

·职业观：它是指人们对职业这一特定的社会活动的认识、态度、看法和观点，是一个人的世界观、人生观、价值观在职业生活中的反映，也是社会对某种专业从业者的较为恒定的角色认定。职业观是在长期的职业实践中形成的，而它一旦形成，又会反过来影响人们具体的职业工作和职业行为。

·职业性格：它是指人们在长期特定的职业生活中所形成的与职业相联系的、稳定的心理特征。职业性格的类型丰富，有变化型、重复型、服从型、独立型、协作型、严谨型、劝服型、自我表现型等，不同类型的职业性格所适合的职业有所不同。若一个人的职业性格与其所选职业高度不匹配，就会不可避免地在从业过程中引起较大的心理冲突，造成消极的工作态度。

·创新意识：它是指人们根据社会和个体生活发展的需要，引起创造前所未有的事物或观念的动机，并在创造活动中表现出的意向、愿望和设想。在职业领域，创新意识是一种积极的、富有成果性的表现形式，是人们对工作过程或工作成果进行革新的内在动力。

·职业能力：它是指人们从事某种职业所需的多种能力的综合体现，它包括与某职业相关的专业能力和该职业所需的社会能力，诸如环境适应能力、人际交往能力、团队合作能力等。职业能力的高低能说明一个人是否能胜任既定的职业岗位，并能体现在该职业中取得成功的可能性。

因此，培养并塑造一个与自己所选职业相契合的职业人格，实际上是对一个人职业观、职业性格、创新意识、职业能力的综合认知及提升过程，对从业者职业生涯的持续发展有着极大的推动作用。

## 1.1.2　职业人格的主要理论

近现代关于职业性格的相关研究主要起源于心理学领域，其中，以瑞士心理学家卡尔·荣格（Carl Jung）的心理类型理论最为著名。荣格在 1913 年的慕尼黑国际精神分析会议上提出了内倾型和外倾型的性格，随后又在 1921 年发表的《心理类型学》一书中充分阐述了这两种性格类型，并论述了性格的一般态度类型和机能类型。荣格的这些研究为后来职业领域中对职业性格的测试和应用奠定了重要的心理学理论基础。在 1917 年至 20 世纪 60 年代期间，凯恩琳·库克·布里格斯（Katharine Cook Briggs）和她的女儿伊莎贝尔·布里格斯·迈尔斯（Isabel Briggs Myers）在荣格理论的基础上不断研究和发展，开发了在现今国际职业规划及培训领域被广泛运用的职业人格评估指标——迈尔斯-布里格斯类型指标（Myers-Briggs Type Indicator，MBTI）。而从 20 世纪 30 年代至 80 年代，另一批以美国心理学家戈尔德伯格（Lew Goldberg）为代表的学者以词汇学假说为基础，对大量的人格词汇进行分类整理，从众多因素中逐步提取出可以涵盖人格描述的所有方面的特质，最终形成大五人格理论。由于这一理论建立在大范围样本研究的基础之上，并不断被许多研究证实和支持，因此成为心理学界公认的人格特质模型。

随着职业生涯管理理论的发展，越来越多的学者开始把性格类型研究与职业生涯规划相结合，将研究方向放在人格与职业的匹配性研究上。在人职匹配的相关理论中，具有广泛影响力和应用性的成果主要有约翰·霍兰德（John L. Holland）于 1959 年提出的人业互择理论，以及埃德加·H. 施恩和其研究小组在 20 世纪 70~80 年代期间通过调查分析形成的职业锚理论。

### 1.1.2.1　心理类型理论

荣格在其心理类型理论中论述了性格的一般类型，可划分为外倾型（外向型）和内倾型（内向型）两大类别，也就是特定情境下性格反应的两种态度或方式；同时，荣格又指出个人的心理活动有感觉、思维、情感和直觉四种基本机能。按照两种态度类型与四种机能的组合，便有了性格的八种机能类型——外倾思维型、内倾思维型、外倾情感型、内倾情感型、外倾感觉型、内倾感觉型、外倾直觉型、内倾直觉型。然而，荣格并没有截然地把人格简单地划分为八种类型，他的心理类型学只是作为一个理论体系用来说明性格的差异，且他总结归纳的每一种类型的模式都是典型的极端模式，而在实际生活中，绝大多数人都是兼有外倾性和内倾性的中间型，其性格并不能用上述八种类型简单概括。

荣格的性格类型的划分主要根据弗洛伊德提出的力比多学说，而力比多是本能的力量，这一理论忽视了人格的社会性，并且带有神秘色彩；另外，荣格提出的八种机能类型，并不是从实际调查中归纳出来的，而是用数学的综合方法凭主观演绎出来的，各种类型之间界限不清，各种类型的特征也说不清楚。这些缺陷使得这一理论的科学性受到一定程度的质疑。不过，由于荣格对内倾型和外倾型的论述部分内容是符合实际的，因此心理类型论还是被广泛地应用在教育、管理以及职业选择等领域中。

### 1.1.2.2 MBTI 人格理论

MBTI 人格理论实际上主要基于荣格的心理类型理论，并通过对人类性格差异的长期观察和研究而发展出一套自我报告式的性格评估测试法。它也被称为"迈尔斯-布里格斯类型指标"，该指标主要用于衡量和描述人们在获取信息、做出决策、对待生活等方面的心理活动规律和性格类型。相较于荣格提出的八种机能类型，MBTI 增加了判断和知觉两种类型，由此组成了个性的四维八极特征，即"内倾—外倾"维度、"感觉—直觉"维度、"思维—情感"维度、"知觉—判断"维度，它们彼此组合就构成了 16 种个性类型，这些类型就是人的性格倾向。MBTI 认为每个人都会沿着自己所属的类型发展出个人行为、技巧和态度，而每一种性格类型也都存在着自己的潜能和潜在的盲点。

在理论应用上，MBTI 主要被应用于职业发展、职业咨询、团队建设、婚姻教育等方面，是目前国际上应用较广的人才甄别工具，并且已成为世界 500 强企业经常使用的测评工具。然而关于 MBTI 的稳定性问题一直存在争论，因为对同一人的多次测试结果会出现差异，无法保证测试结果的一致性。导致这方面的争论的原因在于 MBTI 更多的是一个基于心理类型的分析工具，而不是对人格的绝对划分工具。如果在 MBTI 测试中出现性格定位不稳定的情况，很多的时候就是因为后天环境因素导致了个人的性格机能类型没有出现典型分化，或是时间和年龄因素的影响导致个人心理功能发展出现阶段性的变化。因此，综上所述，MBTI 是一个有一定理论基础且现实应用性较强的性格分析工具，在使用时，需要结合对自身的认知综合分析，而不是根据测试结果简单定论。

### 1.1.2.3 大五人格理论

大五人格理论（Big Five Personality Traits）也被称为五因素模型（Five-factor Model，FFM）。该理论强调人格模型中每一维度的广泛性，即无论被测试者的性别、学历、人种、年龄、测试环境、测试人员专业程度等是否存在差异，大五人格理论所提取的五种特质都能适用于对其性格进行较为客观的分析和评价。这五个维度因素或人格特质分别是开放性（Openness）、尽责性（Conscientiousness）、外倾性（Extraversion）、宜人性（Agreeableness）、神经质（Neuroticism），所以该模型也可被称作 OCEAN 模型。

在职业领域，对于人力资源管理者来说，大五人格模型的最大意义便是对工作业绩的预测价值。由美国工业组织心理学会提供的研究文献显示，大五人格测试中的尽责性和神经质维度可以稳定地预测绝大多数岗位人员的工作业绩，而外倾性和宜人性维度对诸如销售类的以人际交往为主的工作非常重要，同时，大五人格特质还能预测工作表现和业绩结果、工作满意度、领导有效性以及其他重要的工作行为和态度。

大五人格理论和 MBTI 人格理论都是人格心理学的重要理论，只是大五人格理论属于特质论，是通过统计学的因素分析法得出人格特质的；而 MBTI 属于心理类型理论，主要通过心理学家大量的临床观察记录，找出人格类型，并在此基础上形成问卷。这两种理论都各有其优缺点，大五人格理论在对人格特质的测评结果上比 MBTI 更稳定，但由于不够全面且没有类型理论的基础，在应用性上不如MBTI 那么容易运用和进行分析。

### 1.1.2.4　人业互择理论

人业互择理论是美国约翰霍普金斯大学心理学教授约翰·霍兰德提出的具有广泛社会影响的职业兴趣理论，因此又叫"霍兰德职业兴趣理论"或"人格-职业匹配理论"。霍兰德认为人的人格类型、兴趣与职业密切相关，兴趣是人们活动的巨大动力，凡是具有职业兴趣的职业，都可以提高人们的工作积极性，促使人们积极地、愉快地从事该职业，且职业兴趣与人格之间存在很高的相关性。该理论将人格划分为现实型、研究型、艺术型、社会型、企业型和常规型六种类型，并以六边形标示出六大类型的关系，每一种类型与其他类型之间的关系大致可分为相邻关系、相隔关系、相对关系三类。

霍兰德的职业兴趣理论主要从性格和兴趣的角度出发来探索职业指导的问题。他明确提出了职业兴趣的人格观，使人们对职业兴趣的认识有了质的变化。霍兰德的职业兴趣理论反映了他长期专注于职业指导的实践经历，他把对职业环境的研究与对职业兴趣个体差异的研究有机地结合起来，以职业兴趣理论为基础，先后编制了职业偏好量表和自我导向搜寻表职业兴趣量表，作为职业兴趣的测查工具，力求为每种职业兴趣找出两种相匹配的职业能力。在霍兰德的人业互择理论中，人格被看成兴趣、价值、需求、技巧、信仰、态度和学习个性的综合体。就职业选择而言，兴趣是个体和职业匹配的过程中最重要的因素。因此，目前为止，霍兰德职业兴趣理论是最具影响力的职业发展理论和职业分类体系。

### 1.1.2.5　职业锚理论

职业锚理论是麻省理工大学斯隆商学院的施恩教授和其研究小组在对该学院毕业生长达 12 年的职业生涯研究中演绎而成的理论，也叫做职业定位理论。所谓职业锚，又称为职业系留点，即人们选择和发展自己的职业时所围绕的中心，是当一个人不得不做出选择的时候，无论如何都不会放弃的职业中的那种至关重要的东西或价值观。施恩教授提出的职业锚类型一共有八种，即技术/职能型、管理型、自主/独立型、安全/稳定型、创造型、服务型、挑战型、生活型。这些职业锚强调个人能力、动机和价值观三方面的相互作用与整合，它是个人同工作环境互动的产物，在实际工作中是不断得到调整的。

值得注意的是，职业锚理论的主要应用对象是已有一定工作经验的从业者。因为职业锚的确认需要一个过程，要经过早期几年的工作实践，并不断地加深对自己的能力、动机、态度以及价值观等的认识以后才能够达到，因此，很难在进入职业领域前就通过直接测试获得。在对大学生进行就业指导时，要避免直接通过测试帮助学生确认其职业锚、混淆职业锚和职业倾向、扩大职业锚的功能，把其用于大学生的择业指导等。但它可以帮助学生了解职业锚理论以促进其进行自我分析和自我定位，并通过校园文化活动、社会实践活动或企业实习来开展对职业锚的认定等。

### 1.1.3  职业人格与职业定位的关系

职业定位就是清晰地明确一个人在职业上的发展方向，它是人在整个职业生涯发展历程中的战略性问题也是根本性问题。具体而言，从长远上看是找准一个人的职业类别，就阶段性而言是明确所处阶段对应的行业和职位，就是说在职场中自己应该处于什么样的位置。职业定位包括主观意愿和客观能力上的定位。主观意愿上的职业定位需要挖掘自己的兴趣、性格、价值观等因素导向什么类型的工作，即定位自己"喜欢做什么""想要做什么"；而客观能力上的职业定位需要结合自己的专业技能条件、教育学历条件、家庭背景条件、人脉资源条件等客观因素，对自己能被哪个行业、哪些企业、哪类工作岗位录取进行评估，即定位自己"能做什么"。只有当职业定位同时符合一个人的主观意愿和客观能力时，才能更好地使其在该职业上坚持下去并发挥所长，更好地进行职业生涯拓展。当然，职业定位并不是静态的或一次性的，它会根据就业者的性格、所处环境等主客观因素的变化而发生改变，因此，职业定位是个动态的过程，需要人们在不断尝试、不断探索、不断反馈及自我剖析中找到最适合自己的目标，最终成功实现目标。

一个成熟有效的职业定位一般取决于职业取向、商业价值、职业环境、制约因素的共同影响，如表 1-1 所示。从上述四个关键要素中可以看出，除了职业环境和制约因素这两个较为客观的要素以外，职业取向和商业价值都和职业人格有较强的联系。一个人职业人格中所体现的职业价值观与职业性格决定了这个人的职业取向，而职业人格中所反映的职业能力决定了这个人在职业定位时所关注的商业价值。只有当我们在工作中寻找到兴趣、意义和与自我三观匹配的价值时，才能使我们从这份职业中获得我们期望的满足感，而此时才能证明这个职业定位是正确的。否则，我们只有继续识别和寻找更适合自己职业人格的职业领域，或是通过调整自己的职业人格来匹配现有的职业定位。所以，只有对自己的职业人格有了一定了解和认知之后，才能更容易地找寻适合自己的职业定位、排除自己不擅长的职业，使自己在工作中能更好地发挥长处和利用技能，理解和欣赏自己的工作方式并从中提高自我接受度，最终提升自己对所选职业的满意度。

表 1-1　影响职业定位的关键要素

| 关键要素 | 主要内容 |
|---|---|
| 职业取向 | 职业定位应与自己的性格类型、兴趣爱好、职业价值观、自身需求及专业理想匹配。 |
| 商业价值 | 职业定位应充分结合自己的学历、工作经历以及自己的能力水平和可利用资源状况。 |
| 职业环境 | 职业定位应考虑社会经济宏观环境、行业发展状况、地域现状等环境发展因素。 |
| 制约因素 | 职业定位应考虑相关法律法规的制约，以及自身能力的极限、资源获取能力的局限性等不可回避和消除的制约因素。 |

# 1.2　基于 MBTI 和 FFM 的职业人格评价

## 1.2.1　MBTI 与职业人格评价

### 1.2.1.1　MBTI 类型指标及其用法

MBTI（Myers-Briggs Type Indicator，迈尔斯-布里格斯类型指标）是一种选择型、自我报告式的性格评估指标，可以用来衡量和描述人们在获取信息、做出决策、对待生活等方面的心理活动规律和性格类型。该指标体系包含八种指标类型，并以每两个指标分为一组从而形成四个维度，如表 1-2 所示。四个维度如同四把标尺，每个人的性格都会落在标尺的某个点上，这个点更靠近维度上的哪一种类型指标，就意味着该人格存在哪方面的偏好。值得注意的是，当使用 MBTI 类型指标对自己的个性进行评价时，评价结果展现的仅仅只是选择人格偏好，而不是一个绝对的人格类别。比如第一个维度反映的是外倾和内倾两个类型指标，若选择"外倾"，则表示在这个人在为人处世和对外互动的行为中，其性格表现偏向于外向，但并不是说这个人一定是外向型人格，他的人格中可能同时包含外向和内向两个侧面。因此，在使用 MBTI 类型指标时，需要结合个体的具体行为特征及其程度综合分析，不能直接贴标签似地对人格进行评价。

表 1-2　MBTI 类型指标及其所属维度

| | 维度 | 类型指标 | |
|---|---|---|---|
| ① | 精力支配<br>（Attitude） | 外倾（E）<br>（Extraversion） | 内倾（I）<br>（Introversion） |
| ② | 感知功能<br>（Perceiving Function） | 感觉（S）<br>（Sensing） | 直觉（N）<br>（Intuition） |
| ③ | 判断事物<br>（Judging Function） | 思维（T）<br>（Thinking） | 情感（F）<br>（Feeling） |
| ④ | 生活态度<br>（Lifestyle Preference） | 判断（J）<br>（Judging） | 知觉（P）<br>（Perceiving） |

1. "精力支配"维度的类型偏好：外倾—内倾

"精力支配"维度主要分析的是一个人的精力主要是由外在世界支配还是由内在世界支配的。外倾的人倾向于将注意力和精力投注在外部世界，比如外在的人、外在的事物、外在的环境等；而内倾的人则相反，较为关注自我的内部状况，如内心情感、思想等。两种类型的个体在自己偏好的世界里会感觉自在并充满活力，而到相反的世界里则会不安和疲惫。

请从下面两列特征中，勾选出自己最习惯、感到最舒适的行事模式，从而判断自己在"精力支配"维度中更偏向于哪一种类型：

☐ 被他人形容为健谈的、随和的　　　☐ 被他人形容为保守的、注重隐私的
☐ 喜欢快节奏的工作及生活环境　　　☐ 喜欢慢节奏的工作及生活环境
☐ 喜欢和他人一起思考、分享想法　　☐ 喜欢独立思考问题
☐ 边想边说出声　　　　　　　　　　☐ 在心中思考问题
☐ 享受在一个群体中成为被关注的焦点　☐ 宁愿在一个群体中观察别人
☐ 注重事物的广度而不是深度　　　　☐ 注重事物的深度而不是广度

你偏向于外倾（E）型　　　　　　　　你偏向于内倾（I）型

2. "感知功能"维度的类型偏好：感觉—直觉

"感知功能"维度主要分析个体接收信息的方式是感觉型还是直觉型的。感觉型的人关注的是事实本身，他们信赖通过自己五官所察觉到的有形有据的事实和信息；而直觉型的人接收信息的方式截然不同，他们注重基于事实的含义、关系和结论，即倾向使用"第六感觉"察觉"弦外之音"，捕捉零星的信息、分析事情的发展趋向，其接受的实际上是被自己解释后的信息。

请从下面两列特征中，勾选出自己最习惯、感到最舒适的行事模式，从

而判断自己在"感知功能"维度中更偏向于哪一种类型：

| | |
|---|---|
| ☐ 相信确定的、有形的东西 | ☐ 相信灵感或推理 |
| ☐ 注重确凿的事实和事物本身的细节 | ☐ 注重事物的整体感和事物之间的联系 |
| ☐ 重视现实性和人之常情 | ☐ 重视可能性和独创性 |
| ☐ 习惯于对事物进行细节性、字面意义的描述 | ☐ 习惯于用概括、隐喻等方式对事物进行表述 |
| ☐ 更着眼于现实 | ☐ 更着眼于未来，留意事物的变化趋势 |

你偏向于<u>感觉（S）</u>型　　　　　你偏向于<u>直觉（N）</u>型

3. "判断事物"维度的类型偏好：思维—情感

"判断事物"维度主要分析个体在做决策时，其决策过程是偏思维型还是偏情感型的。值得注意的是，思维型和情感型的人在做决定时都有理性思考的成分，只是做决定或下结论的主要依据不一样。思维型的人较为注重依据客观事实进行分析，一以贯之、一视同仁地贯彻规章制度，不太习惯根据人情因素变通，哪怕做出的决定并不令人舒服；而情感型的人偏向从自我的价值观念出发，变通地贯彻规章制度，做出一些自己认为对的决策，比较关注决策可能给他人带来的情绪体验，所以决策结果更具有人情味。

请从下面两列特征中，勾选出自己最习惯、感觉最舒适的行事模式，从而判断自己在"判断事物"维度中更偏向于哪一种类型：

| | |
|---|---|
| ☐ 做决定时，喜欢站在非个人立场，对问题进行逻辑分析 | ☐ 做决定时，喜欢基于自己的价值观以及考虑行为决策对他人的影响 |
| ☐ 做事讲求公平、公正、一视同仁 | ☐ 做事讲求和谐、宽容，允许例外 |
| ☐ 倾向于指出事物的缺陷并批评指正 | ☐ 倾向于迎合他人，赞扬别人的优点 |
| ☐ 容易被形容为讲理讲公道、冷静理智 | ☐ 容易被形容为温暖热情、有同情心 |
| ☐ 认为坦率比圆滑更重要 | ☐ 认为圆滑比坦率更重要 |

你偏向于<u>思维（T）</u>型　　　　　你偏向于<u>情感（F）</u>型

4. "生活态度"维度的类型偏好：判断—知觉

"生活态度"维度主要分析个体喜好的生活处事方式和人生态度，主要归纳为判断型和知觉型两种。判断型的人目的性较强，偏向于有计划、有条理、井然有序的生活方式；而知觉型的人好奇心和适应力较强，他们喜欢不断关注新的信息、考虑可能存在的变化因素，因此知觉型的人更愿意以比较灵活、随意、开放的方式生活。另外，在处事态度上，判断型的人较为果断，而知觉型的人偏好在获得更多信息后再做定夺。

请从下面两列特征中，勾选出自己最习惯、感觉最舒适的行事模式，从而判断自己在"生活态度"维度中更偏向于哪一种类型：

| | |
|---|---|
| ☐ 为事情得到解决而高兴 | ☐ 为事情存在多种选择而高兴 |
| ☐ 认为做事应尊重原则和底线 | ☐ 认为原则和底线是可以灵活改变的 |
| ☐ 喜欢按照具体的指令按部就班地做事 | ☐ 喜欢即兴地、随性地做事 |
| ☐ 更喜欢提前弄清即将面对的情况 | ☐ 更喜欢惊喜和不断更新的情况 |
| ☐ 建立目标后，及时完成任务 | ☐ 随着新信息的获取，不断改变目标 |

你偏向于<u>判断（J）</u>型　　　　　　你偏向于<u>知觉（P）</u>型

### 1.2.1.2　MBTI16种人格类型

通过对上述四个维度的分析，根据自己的真实性情，在每个维度上选取一个类型指标的代表字母作为自己在该维度上的性格偏向，即可以获得由四个字母构成的人格类型。由于MBTI有四个维度、八个指标，因此这些类型指标可排列组合成16种人格类型（如表1-3所示）。被测试者在每个维度上的偏好组合在一起，便决定了他偏向于16种人格中的哪一种类型。

表1-3　MBTI16种人格类型及其主要特征对照表

| 人格类型 | 人格类型全称 | 人格特征描述 |
|---|---|---|
| 1. ISTJ | 内倾感觉思维判断 | · 严肃，安静，做事集中心志并全力投入，因为容易被信赖而获得成功<br>· 较为务实、有序、实际、逻辑、真实、负责<br>· 留意且乐于任何事，工作、生活均有良好组织和秩序<br>· 按照预期成效做出决策且不畏阻挠与闲言，会坚定为之<br>· 重视传统与忠诚 |
| 2. ISFJ | 内倾感觉情感判断 | · 同ISTJ一样具有安静、负责的特征<br>· 安定性强，常常属于某个项目工作或团体中的安定力量<br>· 愿投入、吃苦及力求精确<br>· 对细节事务有耐心<br>· 忠诚、考虑周到、知性且会关切他人感受<br>· 致力于创构有序及和谐的工作与家庭环境 |

表1-3（续）

| 人格类型 | 人格类型全称 | 人格特征描述 |
|---|---|---|
| 3. INFJ | 内倾直觉情感判断 | ·会在工作中投入最大的努力<br>·因坚守原则而受敬重<br>·喜欢寻求思想、关系、物质等之间的意义和联系<br>·总是想了解什么能激励别人，且对他人具有洞察力<br>·坚信自己的价值观<br>·对于目标的实现过程有计划而且果断坚定 |
| 4. INTJ | 内倾直觉思维判断 | ·多疑、挑剔、独立，对自己和他人的能力和表现要求较高<br>·对所承担的工作完全胜任<br>·偏向于完美主义<br>·一旦决定做一件事，则会固执地执行下去，直至完成 |
| 5. ISTP | 内倾感觉思维知觉 | ·偏向于冷静的旁观者<br>·喜欢安静、预留余地、弹性地观察与分析事物<br>·有兴趣探索原因及效果，比如某事件是为何及如何运作，且喜欢使用逻辑的原理解构事实，重视效能<br>·擅长掌握问题核心及找出解决方式<br>·处事灵活、忍耐力强 |
| 6. ISFP | 内倾感觉情感知觉 | ·较为羞怯、安宁和善、敏感、亲切且行事谦虚<br>·喜欢避开争论和冲突，不对他人强加己见<br>·不偏好做领导，却善于做一个忠诚的追随者<br>·办事不急躁<br>·偏向于安于现状，享受当前，不愿快速打破现状<br>·喜欢有自己的空间，并按自己的时间表行事 |
| 7. INFP | 内倾直觉情感知觉 | ·偏向于理想主义者<br>·对于自己的价值观和自己觉得重要的人非常忠诚<br>·希望外部的生活和自己内心的价值观是统一的<br>·好奇心重，很快能看出机会所在<br>·对自己所处境遇及已经拥有的东西不太在意<br>·在自我价值观不受威胁的情况下，做事有弹性、适应力强 |
| 8. INTP | 内倾直觉思维知觉 | ·喜欢理论性和抽象的事物<br>·热衷于思考、有创意的事物；对聚会、闲聊类的社交活动缺乏兴趣<br>·对于自己感兴趣的领域有超凡的集中精力以及深度解决问题的能力<br>·习惯于以逻辑分析来解决问题<br>·有时会有点挑剔、多疑 |

模块一 职业人格与职业定位

表1-3(续)

| 人格类型 | 人格类型全称 | 人格特征描述 |
|---|---|---|
| 9. ESTJ | 外倾感觉思维判断 | ·务实，较强的现实主义倾向<br>·不喜欢抽象理论，喜欢学习可立即运用的知识<br>·喜欢组织与管理工作，并尽可能用最有效的方法促成结果<br>·具有决断力，关注细节，实施计划时强而有力<br>·有时会忽略他人的感受，希望他人遵循自己的计划<br>·适合领导者或企业主管类的角色 |
| 10. ESFJ | 外倾感觉情感判断 | ·热心肠、爱说话、合作性高<br>·希望所处环境温馨而和谐，且善于创造和谐<br>·能体察到他人在日常生活中的所需并竭尽全力帮助<br>·喜欢与他人一同合作并及时地完成工作<br>·希望自己和自己的所为能受到他人的认可和赏识，因此若被鼓励或称赞，工作会更积极 |
| 11. ENFJ | 外倾直觉情感判断 | ·热情、为他人着想、易感动、有责任心<br>·非常注重他人的感情、需求和动机<br>·对别人所想或需求会表达真正关切且切实用心去处理<br>·喜好社交、受欢迎且富有同情心<br>·对于赞扬和批评都会很在意并积极地回应<br>·在团体中能很好地帮助他人，并有鼓舞他人的领导能力 |
| 12. ENTJ | 外倾直觉思维判断 | ·坦诚、果断，有天生的领导能力<br>·善于做长期的计划和长远的目标设定<br>·喜欢拓宽自己的知识面并分享给他人<br>·容易过度自信，在表达自己的想法时非常强而有力<br>·能很快看到公司或组织程序和政策中的不合理性和低效能性，发展并实施有效和全面的系统来解决问题 |
| 13. ESTP | 外倾感觉思维知觉 | ·偏向于问题解决者，擅长积极行动解决问题，专精于可操作、处理、分解或组合的实际事务<br>·学习新事物的最有效的方式是亲身感受和亲自练习<br>·不喜欢冗长的理论概念和抽象的解释<br>·享受和他人在一起的时刻，喜好结交兴趣喜好相同的友人<br>·具有适应性、容忍度、务实性<br>·注重当前，喜欢物质享受和时尚 |

表1-3(续)

| 人格类型 | 人格类型全称 | 人格特征描述 |
|---|---|---|
| 14. ESFP | 外倾感觉情感知觉 | ·外向、友好、接受力较强<br>·热爱生活、与人互动以及物质上的享受<br>·无论工作或学习,均喜欢与他人一起行动且促成事件<br>·在工作中讲究常识和实用性,并使工作显得有趣<br>·对于新的任何事物都能很快地适应,学习新事物最有效的方式是和他人一起尝试<br>·擅长人际相处,且具备这方面较为完备的常识 |
| 15. ENFP | 外倾直觉情感知觉 | ·偏向于即兴执行者,有很强的即兴发挥的能力<br>·充满热忱、活力充沛、富有想象力<br>·认为人生有很多的可能性<br>·总是期待得到别人的认可,也总是准备着赏识和帮助他人<br>·几乎能完成所有自己感兴趣的事情<br>·对难题很快就有对策并能对有困难的人施予援手<br>·为达到目的,常常能找出强制自己做事的理由 |
| 16. ENTP | 外倾直觉思维知觉 | ·反应快,擅长处理多样事务<br>·有激励别人的能力,常常直言不讳<br>·会因为有趣而对问题的正、反两面予以分析<br>·在解决新的、具有挑战性的问题时,机智而有策略,但会轻视、忽略或厌烦日常性的任务与细节,不喜欢例行公事<br>·很少会用相同的方法做相同的事情,倾向于一个接一个地发展新的爱好<br>·兴趣较为多元,容易将注意力转移至新生的兴趣中 |

[资料来源] 笔者根据 Myers-Briggs Type Indicator 的维基英文 (en. wikipedia. org) 词条内容翻译整理而得。

需要注意的是,这种人格类型判定并不是指被测试者永远属于某一种人格,只是说明在测试的这一时刻,被测试者的人格偏向于某一种类型,而随着社会的发展、年龄的变化以及职业道路的变迁,其人格类型判定可能会出现变化。因此,根据 MBTI 指标判定的人格类型结果只能表示在这个人复杂的人格体系中,其主要人格可能存在结果所示的这种偏向。

### 1.2.1.3 MBTI 在职业人格评价中的应用

从 MBTI 类型指标判定的 16 种人格类型中可以看出,不同的人格特征在职业生涯或工作场所中有不同的处事方式,进而造成每个人在职业中常常扮演着不同的角色:有的善于与他人合作共事,有的善于独立工作;有的善于创新和挑战新事物,有的却善于处理日常重复的细节;有的善于制造和谐,有的却容易制造冲突;有的人格类型与其他类型在某些方面非常相似,但又存在根本性的差异……另外,16 种人格类型中,无论是偏内向还是偏外向,均存在适合做领导者和适合做追随者的群体，只是不同的人格在同样的职位上所表现出的职业态度和处事方式可能不一样。因此，将 MBTI 应用于对职业人格的评价，并不是简单地判定自己的个性适合什么职业或岗位，而是帮助自己更加了解自己在平时所展现的主要人格特征，无论在未来从事什么性质的工作，都能在职业生涯中快速定位自己的工作优势和劣势，根据自己的个性扬长避短，并了解影响工作满足感的内在个性因素，在职场中摸索出与自己个性贴合且有利于推动自我职业发展的处事模式。

在使用 MBTI 判断职业人格时需要注意以下几个问题：

第一，MBTI 的所有类型指标中缺少对"焦虑"这一人格特质的评价，所以在 MBTI 人格类型特征描述中，人们看到的更多的是人格特征积极的一面，但这并不代表一个人在职业人格中不存在消极的人格特征。一般而言，长期焦虑、易沮丧、紧张、闷闷不乐、精神萎靡等性格对于工作和职业发展而言都不是有用的品质，因此，无论自己处于哪一种类型的 MBTI 人格类型，都应清楚认知自己在职业生涯中所面临的焦虑问题，并想办法利用自己所长去降低焦虑性。

第二，要清楚人类是非常复杂的个体，任何心理学理论或评价指标都不能完整地概括人格的类型，到目前为止，任何严谨且科学的方法都不能对类型进行测评。MBTI 只是说明一种人格类型偏好而已，并不测量人格类型的发展、成熟度和能力大小。

第三，切忌滥用 MBTI 理论，即不要运用 MBTI 来解释一切，盲目地将自己归类于某一种人格类型，给自己或别人贴标签。在使用 MBTI 评价职业人格时，要结合自身真实情况进行判断，同时最好能从他人角度获取对自己的客观评价。

## 1.2.2　FFM 与职业人格评价

### 1.2.2.1　FFM 人格五大因素及其特征

FFM（Five-Factor Model，Big Five Structure）一般被称为"人格五因素模型"或"大五人格模型"。研究者们通过词汇学的方法并经过多种研究证实发现，大约有五种特质可以涵盖人格描述的所有方面，这五种特质便被称为"大五"，强调该人格模型中每一维度的广泛性。这五个因素分别是神经质、外倾性、开放性、宜人性、尽责性，同时它们也代表衡量人格的五个维度。在使用 FFM 时，会通过相关的专业测试量表对这五个维度进行高低程度的评分，从而发现个体在五个维度上的人格特征差异。表 1-4 对人格五因素的特质进行了描述，并且对每个人格维度测试出来的高得分者和低得分者的主要特征进行了简单总结。

表 1-4 FFM 人格五因素及其主要特质对照表

| 人格特质五因素 | 特质描述 | 特质评分特征 | |
|---|---|---|---|
| | | 高分者特征 | 低分者特征 |
| 神经质（N）（Neuroticism） | 神经质因素用于评价顺应与情绪不稳定，识别那些容易有心理烦恼、不现实的想法、过分的奢望式要求以及反应不良的个体 | 烦恼、紧张、情绪化、不安全、不准确、忧郁 | 平静、放松、不情绪化、果敢、安全、自我陶醉 |
| 外倾性（E）（Extraversion） | 外倾性因素用于评价人际间互动的数量和强度、活动水平、刺激需求程度和快乐的容量。 | 好社交、活跃、健谈、乐群、乐观、好玩乐、重感情 | 谨慎、冷静、无精打采、冷淡、讨厌做事、退让、话少 |
| 开放性（O）（Openness） | 开放性因素用于评价对事物本身的积极寻求和欣赏；喜欢接受并探索不熟悉的事物。 | 好奇、兴趣广泛、有创造力、有创新性、富于想象、非传统的 | 习俗化、讲实际、兴趣少、无艺术性、非分析性 |
| 宜人性（A）（Agreeableness） | 宜人性又称为随和性，该因素用于评价个体思想、感情和行为方面在同情到敌对这一连续体上的人际取向的性质。 | 心肠软、脾气好、信任人、助人、宽宏大量、易轻信、直率 | 愤世嫉俗、粗鲁、多疑、不合作、报复心重、残忍、易怒、好操纵别人 |
| 认真性（C）（Conscientiousness） | 认真性又称为谨慎性或尽责性，该因素用于评价个体在目标取向行为上的组织性、持久性和动力性的程度，把可靠的、严谨的人与那些懒散的、邋遢的人做对照。 | 有条理、可靠、勤奋、自律、准时、细心、整洁、有抱负、有毅力 | 无目标、不可靠、懒惰、粗心、松懈、不检点、意志弱、享乐 |

［资料来源］笔者根据大五人格理论的百度百科（baike. baidu. com）和 MBA 智库百科（wiki. mbalib. com）的多项相关词条内容整理而得。

### 1.2.2.2 FFM 五大因素的子维度评价

FFM 五大因素测评主要是通过科学家编制的大五人格量表（NEO 人格量表）来进行评价，该量表是由美国心理学家科斯塔（Paul T. Costa, Jr.）和麦克雷（Robert R. McCrae）根据大五人格理论编制的，目前常用的有两个版本，一个是包含 240 道题的 NEO-PI-R[①] 人格量表；另一个是为了实际运用需

———————

[①] NEO-PI-R 是修订版的 NEO-PI 量表，全称为 Revised Neuroticism Extraversion Openness Personality Inventory。

要，由 NEO-PI 简化后编制出的包含 60 道题的 NEO-FFI① 人格量表。在详细版的 NEO-PI 人格量表中，除了表 1-4 所呈现的五个维度以外，还为每一个维度分别设置了六个子维度的评分标准，即从 30 个维度对人格进行综合评价，使大五人格因素的每个因素内的行为具备更大的差异性。

1. 神经质及其子维度评价

神经质反映个体情感调节过程，反映个体体验消极情绪的倾向和情绪不稳定性。高神经质个体倾向于有心理压力，不现实的想法、过多的要求和冲动，更容易体验到诸如愤怒、焦虑、抑郁等消极的情绪。他们对外界刺激的反应比一般人强烈，对情绪的调节、应对能力比较差，经常处于一种不良的情绪状态下。并且这些人思维、决策以及有效应对外部压力的能力比较差。相反，神经质维度得分低的人较少烦恼，较少情绪化，比较平静。神经质有六个子维度，分别用 N1、N2、N3、N4、N5、N6 表示，对于每个子维度都有一些说明性的形容词。请参照表 1-4a 的子维度说明，评估自己在每个子维度更偏向高分特点还是低分特点，或是处于一种相对中间平衡的状态。

表 1-4a　神经质维度的子维度评分特征

| 神经质子维度 | 子维度特质评分特征 | |
| --- | --- | --- |
| | 高分者特征 | 低分者特征 |
| N1<br>焦虑 | 焦虑，容易感觉到危险和威胁，容易紧张、恐惧、担忧、不安、神经过敏 | 心态平静，放松，不容易感到害怕，不会总是担心事情可能会出问题，情绪平静、放松、稳定 |
| N2<br>愤怒和敌意 | 容易发火，在感到自己受到不公正待遇后会充满怨恨，暴躁、愤怒和感到受挫 | 不容易生气、发火，态度友好、脾气随和，不易动怒 |
| N3<br>抑郁 | 易绝望、内疚、郁闷、沮丧，容易感到悲伤、被遗弃、灰心丧气，容易感到内疚、悲伤、失望和孤独，容易受打击，经常情绪低落 | 不容易感到悲伤，很少有被遗弃感 |
| N4<br>自我意识 | 太关心别人如何看待自己，害怕别人嘲笑自己，在社交场合容易感到害羞、焦虑、自卑、易尴尬 | 在社交场合镇定、自信，不容易感到紧张、害羞 |

① NEO-FFI 全称为 Neuroticism Extraversion Openness Five-Factor Inventory，秉承了 NEO-PI-R 量表效度的实质内容，两者显著相关，同样可靠和有效，是世界范围内广泛使用的人格评定量表。

表1-4a(续)

| 神经质子维度 | 子维度特质评分特征 | |
| --- | --- | --- |
| | 高分者特征 | 低分者特征 |
| N5<br>冲动性 | 在感受到强烈的诱惑时,不容易抑制,容易追求暂时的满足而不考虑长期的后果,不能抵抗欲望,草率,爱挖苦人,以自我为中心 | 能自我控制、能抵抗诱惑 |
| N6<br>脆弱性 | 在压力下容易感到惊慌、混乱、无助,不能应付压力 | 在压力下感到平静、自信,适应力强、头脑清醒、勇敢 |

［资料来源］笔者根据《NEO 人格问卷修订版》(NEO-PI-R)的内容整理而得。

2. 外倾性及其子维度评价

外倾性又称为外向性,主要用于表示人际互动的数量和密度、对刺激的需要以及获得愉悦的能力。这个维度将社会性的、主动的、个人定向的个体和沉默的、严肃的、腼腆的、安静的人做对比。这个方面可由两个品质加以衡量——人际的卷入水平和活力水平,前者评估个体喜欢他人陪伴的程度,而后者反映了个体个人的节奏和活力水平。外向的人喜欢与人接触,充满活力,经常感受到积极的情绪;他们热情,喜欢运动,喜欢刺激和冒险;在一个群体当中,他们非常健谈,自信,喜欢引起别人的注意。而内向的人比较安静,谨慎,不喜欢与外界过多接触;他们不喜欢与人接触不能被解释为害羞或者抑郁,这仅仅是因为比起外向的人,他们不需要那么多的刺激,因此喜欢一个人独处。内向的人的这种特点有时会被人误认为是傲慢或者不友好,其实一旦和他接触,你经常会发现他是一个非常和善的人。外倾性有六个子维度,分别用 E1、E2、E3、E4、E5、E6 表示,对于每个子维度都有一些说明性的形容词。请参照表 1-4b 的子维度说明,评估自己在每个子维度更偏向高分特点还是低分特点,或是处于一种相对中间平衡的状态。

表 1-4b　外倾性维度的子维度评分特征

| 外倾性子维度 | 子维度特质评分特征 | |
| --- | --- | --- |
| | 高分者特征 | 低分者特征 |
| E1<br>热情 | 热情的人喜欢周围的人,经常会向他们表达积极友好的情绪,他们善于交朋友,容易和别人形成亲密的关系,好交际、健谈、富有情感 | 虽然并不意味着冷淡、不友好,但通常会被别人认为是与人疏远的 |
| E2<br>乐群性 | 喜欢与人相处,喜欢人多热闹的场合,开朗、有许多朋友、积极寻求社会联系的 | 感觉太闹,希望有更多的时间独处,有自己的个人空间,避开人群、喜欢独处 |

表1-4b(续)

| 外倾性子维度 | 子维度特质评分特征 | |
| --- | --- | --- |
| | 高分者特征 | 低分者特征 |
| E3<br>独断性 | 喜欢在人群中处于支配地位,指挥别人,影响别人的行为,支配、有说服力的自信、果断 | 在人群中话很少,让别人处于主导支配地位,谦逊、腼腆、沉默寡言 |
| E4<br>活力 | 在生活与工作中节奏快,忙碌,显得充满精力,喜欢参与很多事情,精力充沛、快节奏、充满活力 | 在生活与工作中节奏慢,悠闲,不着急、缓慢、从容不迫 |
| E5<br>寻求刺激 | 在缺乏刺激的情况下容易感到厌烦,喜欢喧嚣吵闹,喜欢冒险,寻求刺激,较为浮躁、寻求强烈刺激 | 避免喧嚣和吵闹,讨厌冒险,谨慎、沉静,对刺激不感兴趣 |
| E6<br>积极情绪 | 容易感受到各种积极的情绪,如快乐、乐观、愉悦、兴奋等,容易情绪高涨 | 不容易感受到各种积极的情绪,但并不意味着一定会感受到各种负面情绪,低分者只是不那么容易兴奋起来,不热情、平静、严肃 |

［资料来源］笔者根据《NEO人格问卷修订版》（NEO-PI-R）的内容整理而得。

3. 开放性及其子维度评价

开放性描述一个人的认知风格。对事物的开放性被定义为：为了自身的缘故对事物的前摄寻求和理解，以及对陌生情境的容忍和探索。这个维度将那些好奇的、新颖的、非传统的以及有创造性的个体与那些传统的、无艺术兴趣的、无分析能力的个体做比较。开放性的人偏爱抽象思维，兴趣广泛，而封闭性的人讲求实际，偏爱常规，比较传统和保守。开放性有六个子维度，分别用O1、O2、O3、O4、O5、O6表示，对于每个子维度都有一些说明性的形容词。请参照表1-4c的子维度说明，评估自己在每个子维度更偏向高分特点还是低分特点，或是处于一种相对中间平衡的状态。

**表1-4c　开放性维度的子维度评分特征**

| 开放性子维度 | 子维度特质评分特征 | |
| --- | --- | --- |
| | 高分者特征 | 低分者特征 |
| O1<br>想象力 | 对于想象力高分者来说,现实世界太平淡了,喜欢充满幻想,创造一个更有趣、丰富的内心世界,他们想象力丰富,爱做白日梦 | 理性、现实、实干,更喜欢基于现实的思考,喜欢把注意力放在手头的任务上 |

表1-4c(续)

| 开放性子维度 | 子维度特质评分特征 | |
| --- | --- | --- |
| | 高分者特征 | 低分者特征 |
| O2<br>审美 | 欣赏自然和艺术中的美，重视审美经历，能为艺术和美感动，能比常人发展更广泛的知识和欣赏能力 | 对美缺乏敏感性，对艺术不感兴趣，对艺术不敏感、不理解 |
| O3<br>感受 | 能体验到更深的情绪状态，并能将不同的情绪状态区分开来，他们比其他人更强烈地体验到开心和不开心，容易感知自己的情绪和内心世界，敏感、重视自己的感受 | 感情较迟钝，不认为感受状态有多重要，较少感知到自己的情感和内心世界，也不愿意坦率地表达出来，情绪范围窄、对周围环境不敏感 |
| O4<br>尝新 | 喜欢接触新的事物，去外面旅行，体验不同的经历，对千篇一律感到乏味，愿意去尝试新的事物，寻求新奇和多样性，尝试新的活动 | 对不熟悉的事物感到不舒服，喜欢熟悉的环境、事物和人，生活方式固定 |
| O5<br>思辨 | 喜欢哲学的辩论和"头脑风暴"，喜欢抽象的概念，喜欢讨论理论性问题，喜欢解决复杂的智力问题，有求知欲，善于分析 | 喜欢和具体的人与事情打交道，而不是抽象的概念和理论，感觉抽象的思考是在浪费时间，基于事实思考，不喜欢思想上的挑战 |
| O6<br>价值观 | 喜欢挑战权威、常规和传统观念，在极端状态下，他们会表现出对现存规则的敌意，同情那些打破现存法律的人，喜欢混乱、冲突和无序的状态，能容忍，宽宏大量，不喜欢顺从 | 喜欢遵循权威和常规带来的稳定和安全感，不会去挑战现有秩序和权威，教条、保守、顺从 |

[资料来源]笔者根据《NEO人格问卷修订版》（NEO-PI-R）的内容整理而得。

### 4.宜人性及其子维度评价

宜人性考察个体对其他人所持的态度，这些态度一方面包括亲近人的、有同情心的、信任他人的、宽大的、心软的，另一方面包括敌对的、愤世嫉俗的、爱摆布人的、复仇心重的、无情的。宜人性代表了"爱"以及对合作和人际和谐是否看重。宜人性高的人是善解人意的、友好的、慷慨大方的、乐于助人的，愿意为了别人放弃自己的利益。宜人性高的人对人性持乐观的态度，相信人性本善。而宜人性低的人则把自己的利益放在别人的利益之上，本质上他们不关心别人的利益，因此也不乐意去帮助别人，有时候，他们对别人是非常多疑的，怀疑别人的动机。宜人性有六个子维度，分别用A1、A2、A3、A4、A5、A6表示，对于每个子维度都有一些说明性的形容词。请参照表1-4d的子维度说明，评估自己在每个子维度更偏向高分特点还是低分

模块一 职业人格与职业定位

特点，或是处于一种相对中间平衡的状态。

表 1-4d　宜人性维度的子维度评分特征

| 宜人性子维度 | 子维度特质评分特征 | |
|---|---|---|
| | 高分者特征 | 低分者特征 |
| A1<br>信任 | 相信别人是诚实、可信和有良好动机的，容易宽恕、信任他人，较为平和 | 认为别人是自私、危险、想占自己便宜，较为谨慎、悲观、猜忌、铁石心肠 |
| A2<br>坦诚 | 认为在与人交往时没有必要去掩饰，显得坦率、真诚、直接、坦白、老实 | 在与人交往时往往会掩饰自己，防卫心理较重，不愿意向别人露出自己的底牌，较为精明、机敏 |
| A3<br>利他 | 愿意帮助别人，感觉帮助别人是一种乐趣，他们热心、心软、温和、慷慨、好心 | 不愿意帮助别人，感觉帮助别人是一种负担，他们自私、愤世嫉俗、冷酷、势利 |
| A4<br>顺从 | 不喜欢与人发生冲突，为了与人相处，愿意放弃自己的立场或者否定自己的需要，他们恭顺、有求必应 | 不介意与人发生冲突，会为了达到自己的目的去威胁别人，他们倔强、刚愎自用 |
| A5<br>谦逊 | 谦逊、不摆架子、不爱出风头 | 攻击、傲慢、爱炫耀、粗暴、认为自己高人一等，可能会被认为自负、傲慢 |
| A6<br>同理心 | 富有同情心，容易感受到别人的悲伤，表示同情，友好、热心、温和、心软 | 对别人的痛苦没有强烈的感受，为自己的客观而感到自豪，更关心真实、公平而不是仁慈，心胸狭窄、冷酷、固执己见 |

[资料来源] 笔者根据《NEO 人格问卷修订版》（NEO-PI-R）的内容整理而得。

5. 认真性及其子维度评价

认真性（尽责性）是指人们控制、管理和调节自身冲动的方式，评估个体在目标导向行为上的组织、坚持和动机。它把可信赖的、讲究的个体和懒散的、马虎的个体做比较，同时也反映个体自我控制的程度以及推迟需求满足的能力。冲动并不一定就是坏事，有时候环境要求我们能够快速决策。冲动的个体常被认为是快乐的、有趣的、很好的玩伴，但是冲动的行为常常会给自己带来麻烦，有时会给个体带来暂时的满足，却容易产生长期的不良后果，比如攻击他人、吸食毒品，等等。冲动的个体一般不会获得很大的成就。相反，谨慎的人容易避免麻烦，能够获得更大的成功。人们一般认为谨慎的人更加聪明和可靠，但是谨慎的人可能是一个完美主义者或者是一个工作狂。极端谨慎的个体让人觉得单调、乏味、缺少生气。认真性有六个子维度，分别用 C1、C2、C3、C4、C5、C6 表示，对于每个子维度都有一些说明性的形容词。请参照表 1-4e 的子维度说明，评估自己在每个子维度更偏向高分特点还是低分特点，或是处于一种相对中间平衡的状态。

表1-4e 认真性维度的子维度评分特征

| 认真性子维度 | 子维度特质评分特征 | |
| --- | --- | --- |
| | 高分者特征 | 低分者特征 |
| C1<br>能力 | 对应付生活有很充分的准备，对自己的能力自信，做事高效，一丝不苟 | 对自己的能力不自信，不相信自己可以控制自己的工作和生活，困惑、健忘 |
| C2<br>条理性 | 具有良好的条理性，喜欢制定计划，并按规则办事，精确、高效、有条不紊 | 没有计划性和条理性，显得杂乱无章，无序、易冲动、粗心 |
| C3<br>责任感 | 严格遵守自己的道德原则，一丝不苟地完成自己的道德义务，有责任感，按规矩办事，可信赖、有礼貌、有组织 | 感觉规矩、条例是一种约束，经常被别人看成不可靠、不负责任、懒散、漫不经心 |
| C4<br>追求成就 | 追求成功和卓越，通常有目标感，甚至会被别人当成工作狂，有抱负、勤奋、富有进取心、坚忍不拔 | 没有追求成功的动力，缺乏抱负，可能看起来毫无目标，满足于完成基本的工作，被别人看成是懒惰的 |
| C5<br>自律 | 有激励自己尽力完成工作和任务的能力，专注于自己的任务，有组织、一丝不苟、精力充沛、能干、高效 | 做事拖沓，经常半途而废，遇到困难容易退缩，没有抱负、健忘、心不在焉 |
| C6<br>审慎 | 做事三思而后行，不冲动，谨慎、有逻辑、深思熟虑 | 做事不考虑后果，冲动，想到什么做什么，不成熟、草率、粗心 |

［资料来源］笔者根据《NEO人格问卷修订版》（NEO-PI-R）的内容整理而得。

### 1.2.2.3 FFM在职业人格评价中的应用

与MBTI理论一样，FFM理论也被广泛地应用于职业领域中，用于对企业雇员层和领导层的职业人格及其所适合岗位或其职业发展潜能进行评估和预测。比如FFM人格五因素中的开放性因素可以用于衡量职员是否拥有原创性和想象力的能力；认真性因素可用于评判职员是否目标导向型人格，以及是否有强烈的意愿完成任务或目标；外倾性因素可用于衡量职员是否善于交际、沟通，或者是否具备积极乐观的人格；宜人性因素可用于评价职员的适应性，以及用于衡量当其作为领导人员时，是否能根据具体情况做出必要的工作调节；最后，神经质因素一般被用于衡量领导层人员是否有消极情绪倾向，或是更具稳定性的人格特征。

在很多企业人力资源评估体系中，FFM人格五因素通常被作为未来业绩效果预测指标。这一做法虽被广泛采用，但也一直存在争议。一些持怀疑态度的学者认为，已有数据在一定程度上证实了大五人格因素与工作绩效之间的相关性较低，因此用人格五因素去衡量个人的工作绩效是不成立的。然而，随后的一些基于计量心理学的研究又证实，FFM 在对职业人格的比较评价中是有用的，且随着预测精度的增加，FFM 在职业领域的应用是存在巨大的经济价值的。因此，一些企业、专业评估组织基于 FFM 理论及其相关研究，对不同的职业人格确立了一个基本的功能性定位。比如，他们认为领导层角色一般会表现出低分的神经质特征、高分的开放性特征以及在认真性和外倾性特征上表现得相对平衡；另外，在赚钱能力上，研究显示，高宜人性与高薪负相关，即一个在宜人性上有高分特征的人在薪水提升上是不易获得成功的，甚至只能获得平均以下的薪酬水平。然而，如果职业人格表现出高分的外倾性和认真性特质，则更容易获得高薪。

职业角色一般被定义为社会和职业规范对从事相应职业活动的人所形成的一种期望行为模式，这种期望行为模式的一般可以用三大类标准去衡量，即工作效率、工作适应性、工作主动性，而在运用 FFM 理论评价职业人格时，也可以评价五种人格特征与这三类标准的相关性：

·开放性（O）与工作主动性正相关，但与团队的工作效率负相关；

·宜人性（A）与个人工作主动性负相关；

·外倾性（E）与个人工作效率负相关；

·认真性（C）对职业角色的各方面工作业绩都具备正向作用；

·神经质（N）如果过高，则对其各方面工作业绩都不利。

# 【实训项目一】 职业人格自我衡量与交互评价

## ■实训目的

1. 学会运用人格测试问卷和人格量表对自己的性格倾向进行测评。

2. 学会结合 MBTI 和 FFM 人格理论的相关知识，对自己的测试结果进行辩证分析。

3. 能通过测试、自我剖析和交互评价，更清楚地认知自己的性格在未来的职业道路上可能存在的优缺点。

4. 通过实训分析，能对自己理想的职业人格类型有一个预判，并尝试利用自己的优势去构建和发展有利于自己的职业成长的职业人格。

## ■实训要求

1. 本实训包含一份基于 MBTI 人格理论的"MBTI 性格类型测试"。要求仔细阅读两个测试的步骤和要求，回答问题并统计得分，确定自己在 MBTI 类型指标的判定下，人格类型属于哪一种。

2. 结合教材 1.2.2 章节的内容，运用 FFM 理论判断自己在人格五因素上的高低分特质偏向，同时对比分析由 MBTI 判定的人格类型与 FFM 判定的五因素特质是否一致。如果存在不一致的地方，则根据对自己的认知和日常行为判断，说明测试结果在哪些特征上存在误差。

3. 选择一位对自己的个性较为熟悉的同学，与其交换各自的测试结果，并让对方对自己的测评结果的可靠性进行客观分析和评价。

■MBTI 性格类型测试

---

测试说明：

·请在心态平和及时间充足的情况下答题。

·每道题均包含 A 和 B 两种对性格和行为的形容词（句）。请仔细阅读题目，按照与你性格相符的程度分别给 A 和 B 赋予一个分数，并使一组中 A 和 B 的分数之和等于 5。最后，请在问卷后的分数统计表中，填上每道题对应的分数，并按要求进行分数汇总。

·请注意，题目中的 A、B 两项陈述均无对错之分，你不需要考虑哪一种陈述"应该"更好，而且不要在任何问题上思考太久，应该凭你心里的第一反应做出评分。

·如果你觉得在不同的情境里，A、B 两种形容都能反映你的性格倾向，请选择一个对于你的行为方式来说最自然、最顺畅和最从容的答案。

·测试举例——

例："你参与社交聚会时"

总是能认识新朋友（　　　）

只能跟几个亲密挚友待在一起（　　　）

如果你参与社交聚会时，几乎每次都能结织新朋友，仅有少数情况只和亲友待在一起，则在打分时就打 A（4）B（1）；如果任何时候都只想与亲友待在一起，极度不情愿结交新朋友，则可打 A（0）B（5）；如果有时能结交新朋友，有时又喜欢和挚友待一起，则可根据具体的细微偏好，打 A（3）B（2）或 A（2）B（3）。总之，打分时要确保 A 和 B 的评分之和等于 5。

---

[资料来源] 笔者根据《NEO 人格问卷修订版》（NEO-PI-R）的内容整理而得。

测试开始

1. 当你遇到新朋友时，你＿＿＿＿＿＿。

A. 说话的时间与聆听的时间相当（　　　）

B. 聆听的时间会比说话的时间多（　　　）

2. 下列哪一种是你的一般生活取向？

A. 只管做吧（　　　）

B. 找出多种不同选择（　　　）

3. 你喜欢自己的哪种性格？

A. 冷静而理性（　　　）

B. 热情而体谅（　　　）

4. 你擅长＿＿＿＿＿＿。

A. 在有时间限制时，同时协调进行多项工作（　　　）

B. 专注于某一项工作，直到把它完成为止（　　　）

5. 你参与社交聚会时_____。

A. 总是能认识新朋友（　　）

B. 只能跟几个亲密挚友待在一起（　　）

6. 当你尝试了解某些事情时，一般你会_____。

A. 先了解细节（　　）

B. 先了解整体情况，细节之后再谈（　　）

7. 你对下列哪方面较感兴趣？

A. 知道别人的想法（　　）

B. 知道别人的感受（　　）

8. 你较喜欢下列哪类工作？

A. 能让你迅速和即时做出反应的工作（　　）

B. 能让你定出目标，然后逐步达成目标的工作（　　）

下列9~23题的选项中，请针对"哪一种说法较适合你"进行评分：

9. A. 当我与友人尽兴后，我会感到精力充沛，并会继续追求这种欢娱
（　　）

B. 当我与友人尽兴后，我会感到疲惫，觉得需要一些空间（　　）

10. A. 我较有兴趣知道别人的经历，例如他们做过什么、认识什么人
（　　）

B. 我较有兴趣知道别人的计划和梦想，例如他们会往哪里去、憧憬什么
（　　）

11. A. 我擅长制订出一些可行的计划（　　）

B. 我擅长促成别人同意一些计划，并鼎力合作（　　）

12. A. 我会突然做某些事情时，看看会有什么情况发生（　　）

B. 我做任何事情时，都想事先知道可能有什么情况会发生（　　）

13. A. 我经常边说话，边思考（　　）

B. 我在说话前，通常会思考要说的话（　　）

14. A. 四周的实际环境对我很重要，而且会影响我的感受（　　）

B. 如果我喜欢所做的事情，气氛对我而言并不是那么重要（　　）

15. A. 我喜欢分析，心思缜密（　　）

B. 我对人感兴趣，关心他们所发生的事（　　）

16. A. 即使已做出计划，我也喜欢探讨其他新的方案（　　）

B. 一旦做出计划，我便希望能依计划行事（　　）

17. A. 认识我的人，一般都知道什么对我来说是重要的（　　）

B. 除了我感觉亲近的人，我不会对人说出什么对我来说是重要的（　　）

18. A. 如果我喜欢某种活动，我会经常进行这种活动（　　）

B. 我一旦熟悉某种活动后，便希望转而尝试其他新的活动（　　）

19. A. 当我做决定的时候，我更多地考虑正、反两面观点，并会推理与质证（　　）

B. 当我做决定的时候，我会更多地了解其他人的想法，并希望能达成共识（　　）

20. A. 当我专注地做某件事情时，需要时不时停下来休息（　　）

B. 当我专注地做某件事情时，不希望受到任何干扰（　　）

21. A. 我独处太久，便会感到不安（　　）

B. 若没有足够的独处时间，我便会感到烦躁不安（　　）

22. A. 我对一些没有实际用途的意念不感兴趣（　　）

B. 我喜欢意念本身，并享受想象意念的过程（　　）

23. A. 在进行谈判时，我依靠自己的知识和技巧（　　）

B. 在进行谈判时，我会拉拢其他人至同一阵线（　　）

下列 24~30 题的选项中，请针对"当你放假时，你多半会怎样"进行评分：

24. A. 随遇而安，做当时想做的事（　　）

B. 为想做的事情制定出时间表（　　）

25. A. 花多些时间与别人共度（　　）

B. 花多些时间自己阅读、散步或冥想（　　）

26. A. 选择曾经去过且喜欢的地方度假（　　）

B. 选择前往一些从未去过的地方度假（　　）

27. A. 带着一些与工作或学校有关的事情（　　）

B. 处理一些对自己很重要的人际关系（　　）

28. A. 忘记平时发生的事情，专心享乐（　　）

B. 想着假期过后要准备的事情（　　）

29. A. 参观著名景点（　　）

B. 花时间逛博物馆和一些较为幽静的地方（　　）

30. A. 在喜欢的餐厅用餐（　　）

B. 尝试新的餐厅和菜式（　　）

下列 31~43 题的选项中，哪些说法最能贴切地形容你对自己的看法？

31. A. 别人认为我会公正处事，并且尊重他人（　　）

B. 别人相信在他们有需要时，我会在他们身边（　　）

32. A. 随机应变（　　）

B. 按照计划行事（　　）

33. A. 坦率（　　）

B. 深沉（　　）

34. A. 留意事实（　　）

B. 注重事实（　　　）

35. A. 知识广博（　　　）

B. 善解人意（　　　）

36. A. 容易适应转变（　　　）

B. 处事井井有条（　　　）

37. A. 爽朗（　　　）

B. 沉稳（　　　）

38. A. 实事求是（　　　）

B. 想象力丰富（　　　）

39. A. 喜欢询问实情（　　　）

B. 喜欢探索感受（　　　）

40. A. 不断接受新意见（　　　）

B. 着眼于达成目标（　　　）

41. A. 率直（　　　）

B. 内敛（　　　）

42. A. 着眼现实（　　　）

B. 目光远大（　　　）

43. A. 公正（　　　）

B. 宽容（　　　）

下列 44~46 题的选项中，你会倾向于：

44. A. 暂时放下不愉快的事情，直至有心情时才处理（　　　）

B. 及时处理不愉快的事情，务求把它们抛诸脑后（　　　）

45. A. 自己的工作被欣赏，即使你自己对此并不满意（　　　）

B. 创造一些有长远价值的东西，但不一定需要别人知道是你做的（　　　）

46. A. 在自己有兴趣的范畴，积累丰富的经验（　　　）

B. 有各式各样不同的经验（　　　）

下列 47 题和 48 题的选项中，哪些较能表达你的看法？

47. A. 感情用事的人较容易犯错误（　　　）

B. 逻辑思维会令人自以为是，因而容易犯错误（　　　）

48. A. 犹豫不决必定失败（　　　）

B. 三思而后行才能成功（　　　）

测试问卷计分表

请将 1~48 题中，每个问题 A、B 选项所分配的分数，填写在表 1-5 题号对应的地方，并将每列分数进行加总。

表 1-5　问卷计分表

| | A | B | | A | B | | A | B | | A | B |
|---|---|---|---|---|---|---|---|---|---|---|---|
| 1 | | | 2 | | | 3 | | | 4 | | |
| 5 | | | 6 | | | 7 | | | 8 | | |
| 9 | | | 10 | | | 11 | | | 12 | | |
| 13 | | | 14 | | | 15 | | | 16 | | |
| 17 | | | 18 | | | 19 | | | 20 | | |
| 21 | | | 22 | | | 23 | | | 24 | | |
| 25 | | | 26 | | | 27 | | | 28 | | |
| 29 | | | 30 | | | 31 | | | 32 | | |
| 33 | | | 34 | | | 35 | | | 36 | | |
| 37 | | | 38 | | | 39 | | | 40 | | |
| 41 | | | 42 | | | 43 | | | 44 | | |
| 45 | | | 46 | | | 47 | | | 48 | | |
| 总计 | | | 总计 | | | 总计 | | | 总计 | | |
| | E | I | | S | N | | T | F | | J | P |

　　将表 1-5 中的每列总得分转移到下列 MBTI 类型指标所对应的横线上，即将表 1-5 中 E 列的总得分记入 E 后面的横线上，I 列的总得分记入 I 后面的横线上，依此类推。

E＿＿＿＿＿　　S＿＿＿＿＿　　T＿＿＿＿＿　　J＿＿＿＿＿

I＿＿＿＿＿　　N＿＿＿＿＿　　F＿＿＿＿＿　　P＿＿＿＿＿

　　根据 MBTI 人格理论，以上八个类型指标两两成对，即 E 和 I、S 和 N、T 和 F、J 和 P 各自是一对组合。在每一对组合中，比较得分高低，得分高的那个类型指标就是你的优势类型；如果分数相同的话，则根据教材 1.2.1.1 章节的"MBTI 类型指标及其用法"中的分析方法，从两者中选择最适合自己的类型指标。在对四对组合做完比较后，你会得到一个由 4 个字母组成的人格类型，如 ENFP、ISTJ 等，请把它写在下面的横线上。

　　MBTI 性格测试所揭示的你的人格类型是：＿＿＿＿＿＿＿＿＿＿

　　最后，请根据教材 1.2.1.2 章节中的表 1-3 查看该人格类型的特征描述，并自我检测该类型是否能准确地描述自己的个性，或是存在什么偏差。若存在较大偏差，请自行运用 FFM 理论再次对自己的人格特征进行剖析，并与 MBTI 的测试结果进行对比分析，得出能准确地描述自己的现阶段职业人格特征的结论。

# 1.3 基于职业锚理论的职业类型定位

## 1.3.1 职业锚理论及其应用意义

在教材的第 1.1.2 章节有关职业人格的主要理论概述中，提及施恩教授及其研究小组通过对商学院毕业生真实的职业生涯的长年研究而形成的"职业锚"（Career Anchors）理论。该理论的诞生，源自美国麻省理工大学斯隆商学院的 44 名 MBA 毕业生自愿形成一个小组，接受了施恩教授实施的包括面谈、跟踪调查、公司调查、人才测评、问卷等多种方式的研究。所谓职业锚，又称职业系留点，实际就是人们选择和发展自己的职业时所围绕的中心，即当一个人不得不做出选择的时候，他无论如何都不会放弃的职业中的那种至关重要的东西或价值观。职业锚可以理解为自我意向的一个习得部分，也就是指当一个人进入早期工作情境后，由其习得的实际工作经验所决定，与其在经验中自省的动机、价值观、才干相符合，达到自我满足和补偿的一种稳定的职业定位。职业锚强调个人能力、动机和价值观三方面的相互作用与整合，它是个人同工作环境互动作用的产物。在实际工作中，一个人的职业锚将会不断调整。

施恩教授提出职业锚概念以后，对于职业锚的研究主要集中在职业锚概念本身、职业锚的类型以及与职业锚相关的领域等。然而，近些年来关于职业锚理论在各个领域的应用型研究开始多了起来。在企业人力资源管理中，该理论被广泛地应用在为员工建立岗位说明书、建立多重职业生涯发展阶梯、建立合理的绩效评价体系、建立合理有效的人才内部流动制度等，同时便于人力资源管理部门了解员工的职业锚类型，以采取恰当的激励措施，帮助员工做好职业生涯管理。

综上所述，经过几十年的发展，职业锚已成为许多个人职业生涯规划的必选工具和公司人力资源管理的重要工具。个人在进行职业规划和职业定位时，可以运用职业锚思考自己所具有的能力，确定自己的发展方向，审视自己的价值观是否与当前的工作相匹配。只有个人对自己的定位和从事的职业相匹配，才能在工作中发挥自己的长处，实现自己的价值。尝试各种具有挑战性的工作，在不同的专业和领域中进行工作轮换，对自己的资质、能力、偏好进行客观的评价，是使个人的职业锚具体化的有效途径。同时，对于企业而言，通过雇员在不同的工作岗位之间的轮换，了解雇员的职业兴趣爱好、技能和价值观，将他们放到最合适的职业岗位上去，才可以实现企业和个人发展的双赢。

### 1.3.2 职业锚的主要类型

施恩教授在对职业锚的早期研究中，率先提出了自主型职业锚、创业创造型职业锚、管理能力型职业锚、技术职能型职业锚、安全型职业锚五种职业锚类型。随后由于职业锚理论的研究价值被逐渐发现，越来越多的人加入研究行列，致使施恩教授最终将职业锚增加到八种类型，并推出了职业锚测试量表（测试量表的具体使用方法详见实训项目）。职业锚的八种类型如表1-6所示。

表1-6　职业锚类型及类型简称对照表

| 职业锚类型 | 类型英文名 | 类型简称 |
|---|---|---|
| 技术职能型 | Technical Functional Competence | TF |
| 管理型 | General Managerial Competence | GM |
| 自主独立型 | Autonomy Independence | AU |
| 安全稳定型 | Security Stability | SE |
| 创业创造型 | Entrepreneurial Creativity | EC |
| 服务奉献型 | Service Dedication to a Cause | SV |
| 挑战型 | Pure Challenge | CH |
| 生活型 | Lifestyle | LS |

#### 1.3.2.1 技术职能型职业锚及其特征

技术职能型职业锚是指个体的整个职业发展都围绕着他所擅长的一套特别的技术能力或特定的职业工作而发展，其职业成长只有在特定的技术或职业领域内才意味着持续的进步。他们对自己的认可主要来自自己的专业水平，喜欢面对来自专业领域的挑战。以技术职业型为职业锚的人所具备的职业特征有：

（1）强调实际技术或某种职能业务工作。他们热爱自己的专业技术或职能工作，注重个人专业技能发展，一般多从事工程技术、营销、财务分析、系统分析、企业计划等工作。

（2）拒绝全面管理工作。他们一般不喜欢纯管理类的工作，会将管理类工作视为一个政治竞技场，是一个不让他们施展技术才能的工种，因此具有强烈抵制进入全面管理的念头。而对某一专业方面的职能管理并不拒绝，因为这是他们施展技能所必不可少的，也是一种进步方式。

（3）这类人的成长是在技术职能能力区的技能不断提高，其成功更多地取决于该区域专家的肯定和认可，以及承担该能力区日益增多的富有挑战性的工作。该类人才的成长和成功的获取并不取决于等级地位的大幅度提升。当然，职业提升对于他们来讲并非不重要，他们也力求向上发展，但不要求在能力区域外谋求发展，仅坚持在能力区内的职业提升。

### 1.3.2.2 管理型职业锚及其特征

管理型职业锚是指个体的整个职业发展都围绕着某一组织的权力阶梯逐步攀升，直到达到一个担负全面管理责任的职位。符合管理型职业锚特征的人，一般同时具备分析能力、人际能力和感情能力，他们追求并致力于工作晋升，倾心于全面管理，独自负责一个部分，可以跨部门整合其他人的努力成果，他们想去承担整个部分的责任，并将公司的成功看成自己的工作目的。以管理型为职业锚的人所具备的职业特征有：

（1）喜欢担负单纯管理责任，且责任越大越好，这是管理型职业锚员工的追逐目标。他们与不喜欢甚至惧怕全面管理的技术职能锚的人不同，倾心于全面管理，掌握更大的权力，肩负更大的责任。于他们而言，具体的技术工作或职能工作仅仅被看成是通向更高、更全面管理层的必经之路。他们从事一个或几个技术职能型的工作，只是为了更好地展现自己的管理能力，是获取专职管理权的必经之路。

（2）具有强有力的升迁动机和价值观，以提升、等级和收入作为衡量成功的标准。具有管理型职业锚的人权力欲望和升迁动机都较强烈，追求提升，致力于提升。等级高、责任大、权力大、收入高是他们成功的标志，也是其自我价值的实现。

（3）具有将分析能力、人际关系能力和感情能力合成的技能。在三个能力当中，感情能力很微妙，它可能是识别何种人将在高水平的管理角色中取得成功的最重要的能力。就三种能力而言，其他类型职业锚的人也都具有，甚至其中的一两个方面的能力比具有管理锚的人发展得更高。但是，他们没有将这些能力组合，而管理锚的人具有将三种能力合成的技能，表现出明显的管理才干。

（4）具有该职业锚的人在很大程度上具有对组织的依赖性。要依赖组织为他们提供工作职位，获得更大的责任，展示他们高水平的管理能力。而且，具有管理锚的人所具有的认同感和成功感来自其所在组织，他们与组织的命运紧紧相连。

### 1.3.2.3 自主独立型职业锚及其特征

自主独立型职业锚是指个体追求的目标是随心所欲地制定符合自己步调的时间表、安排自己的工作方式、工作习惯和生活方式，尽可能少地受组织的限制和制约。他们宁愿放弃提升或工作发展的机会，也不愿意放弃自由与独立。以自主独立型为职业锚的人所具备的职业特征有：

（1）最大限度地摆脱组织约束，追求能施展个人职业能力的工作环境。他们会认为组织生活太限制人，是非理性的，甚至侵犯个人私生活。他们追求自由自在、不受约束或少受约束的工作生活环境。

（2）自主独立型职业锚与其他职业锚容易存在交叉，比如自主独立职业锚同时是技术职能型职业锚，或者同时是安全型职业锚，其区别在于，自主独立型的人对自主、自由、独立方面的需要较其他方面的需要（如技术职能展示、安全稳定或管理需要、创造的需要）更为强烈，"自主"是其选择职业时的第一需要。

### 1.3.2.4 安全稳定型职业锚及其特征

安全稳定型职业锚是指个体倾向于根据组织对他们提出的要求行事，力图寻求一种稳定的职业、稳定可观的收入和稳定的事业前途，比如工作的安全、体面的收入、有效的退休方案和津贴等。因此，他们比较容易接受组织对他们的工作安排，相信组织会根据他们的实际情况秉公办事。不论他们个人有什么样的理想和抱负，当个人目标和组织目标发生矛盾时，他们都会选择服从组织目标的要求。如果追求安全型职业锚的人具有很强的技术才能，他们也有可能晋升到一个高级参谋的层次。但是，由于要求高度的事业安全，从而限制了他们沿着等级制度向更高层次的晋升。以安全稳定型为职业锚的人所具备的职业特征有：

（1）职业的稳定和安全是他们的追求、驱动力和价值观。他们的安全取向主要为两类，一种是追求职业安全，其稳定感和安全感主要来自一个组织中的稳定的成员资格，例如大公司组织安全性高，做其员工稳定系数高；另一种是注重情感的安全稳定，包括一种定居，使家庭稳定和使自己融入团队的感情。

（2）在行为上，他们倾向于根据雇主对他们提出的要求行事，以维持工作安全、体面的收入、有效的退休方案、津贴等形式体现出的一种稳定的前途。

（3）对组织具有依赖性。隶属于安全型职业锚的人，一般不愿意离开一个给定的组织，他们不论相信自己具有什么样的个人抱负和能力，都依赖组织来识别他们的需要和能力，相信组织会根据他们的情况做出可能的最佳安排。他们较其他人更容易接受组织。

（4）具有该职业锚的人缺乏强的驱动力和主动性，不利于自我职业的开发与发展，容易在职业生涯发展中受限。以安全稳定为职业锚的人，也可能会有很强的业务技术才能，甚至可能会升迁到一种高级职能经理的层面。但他们心理上也随之存在一定程度的不安全感，而恰恰是这非同一般的不安全感，往往不能使他们在经理的位置上干下去。

（5）安全稳定型职业锚的成功标准是一种有效的稳定、安全、整合良好合理的家庭和工作环境。

### 1.3.2.5　创业创造型职业锚及其特征

创业创造型职业锚是指个体追求创建完全属于自己的成就，他们的整个职业发展都是围绕着某种创造性努力而发展的。具有该职业锚的人群希望使用自己的能力去创建属于自己的公司或创建完全属于自己的产品或服务，而且愿意去冒风险，并克服所面临的障碍和困难。他们想向世界证明公司是他们靠自己的努力创建的。对于这类人，即便可能正在别人的公司工作，但同时会学习并评估将来的机会，一旦他们感觉时机到来，便会自己走出去创建自己的事业。以创业创造型为职业锚的人所具备的职业特征有：

（1）有强烈的创造需求和欲望。创业创造型职业锚的人具有一种一以贯之的需要，即建立或创造某种东西，它们完全属于自己的杰作。例如，创造出一种以自己姓氏命名的成果或程序，创造一家自己的公司。发明创造、奠基立业是他们工作的强大驱动力，是他们绝不会放弃的东西。

（2）意志坚定，敢于冒险。具有创业创造型职业锚的人群强烈要求标新立异、有所创造，一般都做了冒险的准备。他们懂得，不敢于冒险，意味着瞻前顾后、裹足不前，必将一事无成。因此，他们总是力图以坚忍不拔、百折不回的精神和行动，赢得创造需要的实现。

### 1.3.2.6　服务奉献型职业锚及其特征

服务奉献型职业锚是指个体希望职业能够体现个人价值观，他们关注工作带来的价值而不在意是否能发挥自己的才能或能力。他们的职业决策通常基于让世界变得更加美好，从而实现他们的价值。以服务奉献型为职业锚的人所具备的职业特征有：

（1）希望得到基于贡献的、公平的、方式简单的薪酬。

（2）金钱并不是他们追求的根本目标，对于他们而言，晋升和激励不在于钱，而在于认可他们的贡献，给他们更多的权力和自由来体现自己的价值。

（3）需要得到来自同事以及上司的认可和支持，并与他们共享自己的核心价值观。

### 1.3.2.7　挑战型职业锚及其特征

挑战型职业锚是指个体倾向于不断挑战自我，解决看上去无法解决的问题，战胜强硬的对手，克服无法克服的困难、障碍等。对于具有该职业锚的群体而言，参加工作或职业的原因是由于工作允许他们去战胜各种不可能。

新奇、变化和困难是他们的终极目标。如果事情非常容易，反而会让他们立刻觉得非常令人厌烦。以挑战型为职业锚的人所具备的职业特征有：

（1）这类人认为他们可以征服任何事情或任何人。

（2）这类人追求"更高、更快、更强"。他们的挑战领域不局限于某一方面，而是所有可以挑战的领域。前面各种类型的职业锚也存在挑战，但区别在于，其他职业锚中的挑战是有领域有边界的。

（3）对于该职业锚的人群而言，挑战自我、超越自我的机会比工作领域、受雇用的公司、薪酬体系、晋升体系、认可方式都更重要。如果他们缺乏挑战机会，就失去了工作的动力。这种人会看不起与他价值观不同的人，并不断给阻碍他挑战的人制造麻烦。他们为竞争而生，没有竞争的世界会使他们失望。

（4）具有挑战型职业锚的群体不会放弃任何发掘解决问题的方法，克服他人所不能克服的障碍，或者超越竞争对手的机会。他们喜欢将成功定义为"克服不可能的障碍，解决不可能解决的问题，或战胜非常强硬的对手"。随着自己的进步，喜欢寻找越来越强硬的挑战，希望在工作中面临越来越艰巨的任务，并享受由战胜或征服带来的成就感。

### 1.3.2.8　生活型职业锚及其特征

生活型职业锚是指个体喜欢允许他们平衡并结合个人的需要、家庭的需要和职业的需要的工作环境。他们希望将生活的各个主要方面整合为一个整体。正因为如此，他们需要一个能够提供足够的弹性让他们实现这一目标的职业环境，甚至可以牺牲职业的另一些方面，比如提升带来的职业转换。该类人群认为自己如何生活、在哪里居住、如何处理家庭事务以及在组织中的发展道路都是与众不同的。以生活型为职业锚的人所具备的职业特征有：

（1）需要灵活的工作时间安排。比如弹性工作制，需要更多的休息日、哺乳假、在家办公等。

（2）喜欢允许他们平衡并结合个人的需要、家庭的需要和职业的需要的工作环境。

（3）希望生活中的各个部分能够协调统一地向前发展。他们希望职业有足够的弹性允许自己实现这种整合，并且可能不得不放弃职业中的某些可能会打乱生活步调的机会，例如晋升带来的跨地区调动等。该类人群与众不同的地方在于重视过自己的生活，包括重视居住在什么地方、如何处理家庭事务以及在某一组织内如何发展自己等。

## 1.3.3　职业锚在职业定位中的作用

根据职业锚的概念，它不是个体根据各种测试出来的能力、才干、职业动机或者价值观，而是在工作实践中，依据自省和已被证明的才干、动机、需要和价值观，现实地选择和准确地进行职业定位。因此，职业锚理论在个人职业定位中发挥着较为重要的作用，主要体现在提高个人的职业适应性、选定职业目标、发展职业角色以及培养和提高自我职业决策能力和决策技术等多方面。

### 1.3.3.1 提高职业适应性

一般而言，在职场中，新雇员会经过认识、塑造、充实规划自我等诸多就职前准备，经过一定的科学的职业选择，随后进入企业组织，这一过程本身即代表了该雇员个人对所选择职业有一定的适合性。但是这种适合性，仅是该个体对所选职业的初步且主观的认识、分析、判断和体验，尚未经过职业工作实践的验证。而职业适应性是职业活动实践中验证和发展了的适合性。

每个人从事职业活动，总是处于一定的物质环境和心理环境之中，个人从事职业的态度，受到诸多主客观因素的影响，例如个人对工作的兴趣、价值观、技能、能力、客观的工作条件、福利情况，他人和组织对自己工作的认可及奖励情况，人际关系情况，以及家庭成员对本人职业工作的态度，等等。个人的职业适应性就是能尽快习惯、调适、认可这些因素，也就是雇员在企业组织的具体职业活动中，适应职业工作性质、类型和工作条件，与个人需要和价值目标融合，使自身在职业工作生活中获得最大的满足。

职业适应的结果能保证雇员个人在较长一段时间内从事某种职业活动，而且能保证雇员在职业活动中有较高的效率，有利于雇员个性的全面协调发展。因之，雇员由初入组织的主观职业适合，通过职业活动实践，转变为职业适应的过程，便是雇员搜寻职业锚或开发其职业锚的过程。所以，职业适应性是职业锚的准备或前提基础。

### 1.3.3.2 帮助制订职业计划表、选定职业目标

职业计划表是一张工作类别结构表，是将组织所设计的各项工作分门别类进行排列，形成一个较系统反映企业人力资源配置情况的图表。进入职场的新人应当借助职业计划表所列职工工作类别、职务升迁与变化途径，结合个人的需要与价值观，实事求是地选定自己的职业目标。一旦瞄准目标，就要根据目标工作职能及其对人员素质的要求有目的地进行自我培养和训练，使自己具备从事该项职业的充分条件。

### 1.3.3.3 发展职业角色形象

职业角色形象是个人向组织及其工作群体的自我职业素质的全面展现，是组织或工作群体对个人关于职业素质的一种根本认识。职业角色形象构成

主要有两大要素，一是职业道德思想素质，即通过敬业精神、对本职工作热爱与否、事业心、责任心、工作态度、职业纪律、道德等来体现；二是职业工作能力素质，主要看个人所具有的智力、知识、技能是否胜任本职工作。个人应当从上述两个主要的基本构成要素入手，很好地塑造自己的职业角色形象，为自己确定职业锚创造条件，打好基础。

### 1.3.3.4 培养和提高自我职业决策能力

自我职业决策能力是一种重要的职业能力。决策能力大小、决策正确与否往往影响个人的整体职业生涯发展乃至一生。在个人的职业发展过程中，特别是职业发展的转折关头，例如首次择业、选定职业锚、重新择业等，具有职业决策能力和决策技术十分重要。所以，个人在选择及开发职业锚之时，必须着力培养和提高职业决策能力。自我职业决策能力是指个人习得的用以顺利完成职业选择活动所需要的知识、技能及个性心理品质。具体而言，包括：第一，善于搜集相关的职业资料和个人资料，并对这些资料正确地进行分析与评价；第二，制订职业决策计划与目标，独立承担和完成个人职业决策任务；第三，在实际决策过程中，不是犹豫不决、不知所措、优柔寡断，而是有主见性，能适时地、果断地做出正确决策；第四，能有效地实施职业决策，能够克服计划实施过程中的种种困难。

# 【实训项目二】 职业锚测评与职业定位分析

## ■实训目的

1. 学会使用职业锚测试量表，确定自己现阶段的职业定位。

2. 能将职业锚测试结果应用于金融领域的职业发展中，分析自己所对应的职业锚在金融行业中适合哪一种职业定位。

## ■实训要求

1. 本实训包含一份"职业锚测试量表"，请仔细阅读测试量表的要求，完成职业锚自测，并统计测评分数，根据分数找出最符合自己的职业锚类型。

2. 结合教材 1.3.2 章节关于"职业锚的主要类型"的内容，对比分析自己在所有职业锚类型上的分数，明确哪一类职业锚最适合自己、哪一类与自己最不匹配。

3. 根据职业锚测试量表结果，分析自己在毕业后的第一份职业选择中，该如何定位自己的职业形象。

下面有40个关于职业的描述，请为每题选择一个代表你真实想法的分数。注意：除非你非常明确，否则尽量避免做出极端打分（例如打1分或6分）。

1分：代表这种描述完全不符合你的想法；

2分或3分：代表你偶尔（或有时）这么想；

4分或5分：代表你经常（或频繁）这么想；

6分：代表这种描述完全符合你的日常想法。

为每道题打完分后，从中挑出与你日常想法最为吻合的3道题，给这3道题额外各加4分。

表1-7　职业锚测试量表

| 题号 | 职业描述 | 打分 | 加分 |
|---|---|---|---|
| 1 | 我希望做我擅长的工作，这样我的内行建议可以不断被采纳 | | |
| 2 | 当我整合并管理其他人的工作时，我非常有成就感 | | |
| 3 | 我希望我的工作能让我用自己的方式，按自己的计划去开展 | | |
| 4 | 对我而言，安定与稳定比自由和自主更重要 | | |
| 5 | 我一直在寻找可以让我创立自己事业的创意 | | |
| 6 | 我认为只有对社会做出真正贡献的职业才算是成功的职业 | | |
| 7 | 在工作中，我希望去解决那些有挑战性的问题，并且胜出 | | |
| 8 | 我宁愿离开公司，也不愿从事需要个人和家庭做出一定牺牲的工作 | | |
| 9 | 将我的技术和专业水平发展到一个更具有竞争力的层次，是职业成功的必要条件 | | |
| 10 | 我希望能够管理一个大的公司，我的决策将会影响许多人 | | |
| 11 | 如果职业允许自由地决定自己的工作内容、计划、过程，我会非常满意 | | |
| 12 | 如果工作的结果使我丧失了自己在组织中的安全稳定感，我宁愿离开这个工作岗位 | | |
| 13 | 对我而言，创办自己的公司比在其他的公司中争取一个高的管理位置更有意义 | | |
| 14 | 我的职业满足来自我可以用自己的才能去为他人提供服务 | | |
| 15 | 我认为职业的成就感来自克服自己面临的非常有挑战性的困难 | | |

表1-7（续）

| 题号 | 职业描述 | 打分 | 加分 |
|------|----------|------|------|
| 16 | 我希望我的职业能够兼顾个人、家庭和工作的需要 | | |
| 17 | 对我而言，在我喜欢的专业领域内做资深专家比做总经理更具有吸引力 | | |
| 18 | 只有在我成为公司的总经理后，我才认为我的职业人生是成功的 | | |
| 19 | 成功的职业应该允许我有完全的自主与自由 | | |
| 20 | 我愿意在能给我安全感、稳定感的公司中工作 | | |
| 21 | 当通过自己的努力或想法完成工作时，我的工作成就感最强 | | |
| 22 | 对我而言，利用自己的才能使这个世界变得更适合生活或居住，比争取一个高的管理职位更重要 | | |
| 23 | 当我解决了看上去不可能解决的问题，或者在必输无疑的竞赛中胜出，我会非常有成就感 | | |
| 24 | 我认为只有很好地平衡个人、家庭、职业三者的关系，生活才能算是成功的 | | |
| 25 | 我宁愿离开公司，也不愿频繁接受那些不属于我专业领域的工作 | | |
| 26 | 对我而言，做一个全面管理者比在我喜欢的专业领域内做一个资深专家更有吸引力 | | |
| 27 | 对我而言，用我自己的方式不受约束地完成工作，比安全、稳定更加重要 | | |
| 28 | 只有当我的收入和工作有保障时，我才会对工作感到满意 | | |
| 29 | 在我的职业生涯中，如果我能成功地创造或实现完全属于自己的产品，我会感到非常成功 | | |
| 30 | 我希望从事对人类和社会真正有贡献的工作 | | |
| 31 | 我希望工作中有很多机会，可以不断地挑战我解决问题的能力（或竞争力） | | |
| 32 | 能很好地平衡个人生活与工作，比获得一个高的管理职位更重要 | | |
| 33 | 如果在工作中能经常用到我特别的技巧和才能，我会感到特别满意 | | |
| 34 | 我宁愿离开公司，也不愿意接受让我离开全面管理的工作 | | |
| 35 | 我宁愿离开公司，也不愿意接受约束我自由和自主控制权的工作 | | |
| 36 | 我希望有一份让我有安全感和稳定感的工作 | | |

表1-7(续)

| 题号 | 职业描述 | 打分 | 加分 |
|---|---|---|---|
| 37 | 我梦想着创建属于自己的事业 | | |
| 38 | 如果工作限制了我为他人提供帮助或服务，我宁愿离开公司 | | |
| 39 | 去解决那些几乎无法解决的难题，比获得一个高的管理职位更有意义 | | |
| 40 | 我一直在寻找一份能最小化个人和家庭之间冲突的工作 | | |

请按照表1-8，计算并填写每一种职业锚对应的题号分数总和，总得分最高的一栏则代表最符合你的职业锚。

**表1-8　得分统计表**

| 职业锚类型 | 对应题号 | 题号总得分 |
|---|---|---|
| TF（技术/职能型职业锚） | 1，9，17，25，33 | |
| GM（管理型职业锚） | 2，10，18，26，34 | |
| AU（自主/独立型职业锚） | 3，11，19，27，35 | |
| SE（安全/稳定型职业锚） | 4，12，20，28，36 | |
| EC（创业/创造型职业锚） | 5，13，21，29，37 | |
| SV（服务/奉献型职业锚） | 6，14，22，30，38 | |
| CH（挑战型职业锚） | 7，15，23，31，39 | |
| LS（生活型职业锚） | 8，16，24，32，40 | |

# 模块二
## 金融领域就业机会与职位选择

■培养目标

☐ 学会结合我国现阶段的就业环境和人才招聘趋势，分析自己所属专业的就业前景和自己在人才市场中的竞争优势与劣势，使自己的职业发展目标能更好地契合意向企业的招聘需求并符合社会经济的发展方向；

☐ 了解金融及其细分领域的人才需求特征，分析并寻找与自己专业能力和意愿相匹配的就业机会；

☐ 掌握金融类职位的基本检索与筛选方法，并能对意向企业及职位的应聘可行性、录取可能性进行分析和判断。

## 2.1 我国就业环境及人才招聘新趋势

### 2.1.1 我国就业环境总览

"怎样找到合适的工作""能否被意向单位录用"等就业问题一直是绝大部分本科应届毕业生在踏入社会时所关心和担忧的问题。从微观的角度而言，就业问题涉及每一个有劳动能力和劳动愿望的人对工作的需求，同时也涉及每一个用人单位对人力资源的需求。从宏观的角度而言，就业关乎社会民生，提高就业率、增加就业岗位、解决劳动人口过剩和劳动岗位不足等问题一直都是国家宏观经济政策调节的重要目标。因此，高校毕业生在关注个人就业问题时，除了关注自身对于职业发展方向的需求以外，同时也应学会分析全国的就业环境以及相关专业的招聘趋势，利用这些信息帮助自己进行职位选择，主动寻找适合自己的就业和职业发展机会。

本部分基于近几年的招聘数据，对我国就业总体环境进行了基本概述，其主要目的并不在于让学生了解教材所呈现的就业数据变化趋势（教材数据总是滞后于行业数据更新的），而是为了提供一种较为常用的就业环境分析逻辑，从经济总体就业岗位的变化趋势、各行业的就业情况对比、新兴业态的就业创业形势、薪酬水平的变化趋势以及劳动力市场结构失衡特征等方面分析全国就业形势，使应届毕业生能学会使用这一基本分析框架，自主寻找数据、分析当届的就业形势。

### 2.1.1.1  经济总体就业岗位的变化趋势

当前我国经济发展的新常态是推进供给侧结构性改革，即从提高供给质量出发，用改革的办法推进结构调整，包括对劳动力、土地、资本、制度创造、创新等供给侧要素的调整，扩大有效供给，提高供给结构对需求变化的适应性和灵活性，提高全要素生产率，更好地满足广大人民群众的需要，促进经济社会持续健康发展。在这一新常态下，经济总体就业岗位的创造能力和匹配能力在近些年处于稳步提升的趋势，在一定程度上缓解了经济下行阶段的就业压力。

以下综合分析猎聘大数据研究院①于2015—2018年发布的就业数据。

第一，根据城市级别划分，我国一线城市的职位需求连续四年占比一直稳定在60%~65%之间，二线城市职位需求占比在25%左右。针对具体城市而言，在2018年第四季度，杭州、重庆等城市的招聘需求呈上升趋势，深圳、成都招聘需求基本不变，而北京、上海、广州的招聘需求却出现下降趋势。由此可看出，我国就业总趋势存在一线城市的招聘需求缩减，而新一线城市②岗位创造力日益突出的趋势。

第二，根据招聘岗位划分，可将各大行业的招聘岗位大致分为技术类、业务类、运营类、市场类、行政类，其中，各地人才市场对技术类和业务类岗位的需求量一直保持较大的占比，而我国华东和华北地区对这两类岗位的需求明显高于华南和西南地区。可见，企业对业务类岗位维持较大的需求源于对销售能力与渠道建设的重视，这体现了企业对提升短期经济效益的关注；

---

① 猎聘大数据研究院成立于2014年，基于猎聘网（www.liepin.com）上千万求职者简历、上亿日均日志、几十万企业用户和猎头用户等大数据基础，采用统计建模和机器学习等分析手段，研究并形成年度、季度人才招聘趋势报告，为企业及求职用户服务。

② 新一线城市是"第一财经·新一线城市研究所"依据品牌商业数据、互联网公司的用户行为数据及数据机构的城市大数据对中国338个地级以上城市排名而得的。2018年的15个新一线城市依次为成都、杭州、重庆、武汉、苏州、西安、天津、南京、郑州、长沙、沈阳、青岛、宁波、东莞、无锡。

而对技术类岗位的需求源于对技术创新的重视，这体现了企业对长期核心竞争力积累的关注。相比之下，各地区市场对行政类岗位的需求占比一直维持在较低水平，行政类岗位的整体招聘需求不随经济周期变化或行业不同呈现明显的变化。业务类岗位和技术类岗位虽然整体需求较大，但不同行业会呈现较大的需求差异，比如机械制造业、互联网和相关服务业对于技术类岗位的需求明显大于业务类岗位；相反，房地产业、消费品制造业以及金融业对于业务类岗位的需求大于技术类，尤其是金融业的业务类职位招聘需求占比常年位于50%以上，属于业务压力较大的行业之一。

第三，根据招聘渠道划分，现今人才市场常见的招聘渠道主要有线上招聘、猎头招聘、校园招聘、企业内部推荐以及RPO①，这几种招聘渠道在人才市场中的使用占比情况如图2-1所示。根据猎聘大数据2017—2018年各季度的数据统计，现今我国人才招聘最普遍的形式是线上招聘，且中型企业对线

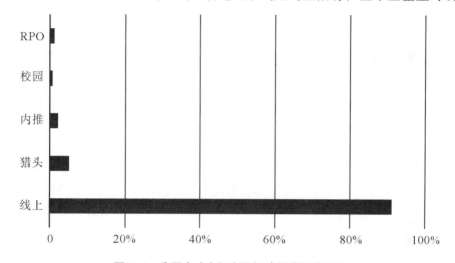

**图2-1 我国人才市场主要招聘渠道及其占比**

［数据来源］笔者根据猎聘网旗下面向 HR 伙伴的订阅号"猎聘人才官"（微信号：liepinrcg）发布的2017—2018年各季度招聘趋势调研报告数据整理而得。

上招聘的利用率和依赖性最大，高于大型企业和小微企业。占比位于其次的是猎头渠道，如今在各种规模的企业中都得到了普遍使用，该渠道一般对于核心人才的引进较为直接有效，近两年通过猎头渠道就业的比例在逐渐扩大；内部推荐渠道是较受中小型企业偏好的招聘方式，雇佣双方都相互了解，该渠道招聘成功率高、成本低。校园渠道一般针对应届毕业生招聘，大中型企业均有采用，而小微型企业由于存在不符合大部分高校招聘准入门槛的情况，

---

① RPO（Recruitment Process Outsourcing）是指招聘流程外包，是一种将整个招聘流程交付外部机构来完成的招聘解决方案。

因此使用较少；RPO 是近些年新兴起来的外包型招聘模式，其优势在于能快速高效地解决大批量招聘需求，但其发展情况并不乐观，特别是小微企业，越来越不倾向于采用 RPO 或校园招聘的模式。

### 2.1.1.2　各行业的就业情况对比

为了适应不同时期的社会经济发展需要以及实现有效的资源配置，我国的产业结构并不是一成不变的，而是会以市场或政策为导向进行相应的调整与升级，从而影响各行业的就业趋势。根据猎聘大数据研究院的报告，2015—2017 年间，机械制造业、建筑业、互联网相关服务业、软件和信息技术服务业、金融与消费品制造业六大行业吸纳了全国求职人员的 67% 以上，这些行业同时也是近些年来发展速度较为突出且受产业政策支持较大的行业。然而随着产业经济结构的变迁，部分行业的发展由最初的疯狂扩张逐渐趋于平稳，其招聘需求也开始呈现缓慢下降趋势，比如互联网及其相关行业；同时，由于经济周期的改变，部分周期性行业的人才需求也在发生改变，比如金融业在市场处于下降调整阶段、资产增值效应较小、投资热情较为低迷时，其招聘需求也会随之放缓；另外，自 2015 年以来，实体行业及其相关商品服务业的发展受到了较大的冲击，其招聘需求的增长速度也明显低于互联网等新兴热点行业。

从高校各届本科毕业生的就业去向中也可分析各行业的招聘趋势。表 2-1 为 2015 届至 2017 届本科毕业生就业的主要行业排名，从三届毕业生的就业趋势中可以看出，教育业、媒体信息及通信业、金融业、建筑业等行业一直都是本科生毕业后的主要就业去向。其中，教育业和政府及公共管理行业的就业比例还在逐届增加，而以金融业以及水电煤气公共事业为代表的行业却出现了就业比例在近些年逐届下降的趋势。

表 2-1　2015 届至 2017 届本科毕业生就业的主要行业排名

| 本科毕业生就业的行业名称 | 就业比例（%） | | |
|---|---|---|---|
| | 2017 届 | 2016 届 | 2015 届 |
| 教育业 | 14.7 | 13.7 | 13.6 |
| 媒体、信息及通信产业 | 10.3 | 10.3 | 10.5 |
| 金融业（银行/保险/证券业） | 9.0 | 10.0 | 9.6 |
| 建筑业 | 8.4 | 8.6 | 8.2 |
| 医疗和社会护理服务业 | 6.3 | 5.1 | 5.7 |
| 政府及公共管理 | 5.9 | 5.6 | 5.3 |
| 电子电气仪器设备及电脑制造业 | 5.9 | 5.8 | 6.2 |

表2-1(续)

| 本科毕业生就业的<br>行业名称 | 就业比例（%） | | |
|---|---|---|---|
| | 2017 届 | 2016 届 | 2015 届 |
| 各类专业设计与咨询服务业 | 5.4 | 5.3 | 5.5 |
| 零售商业 | 4.1 | 4.1 | 3.8 |
| 化学品、化工、塑胶业 | 2.8 | 2.7 | 2.7 |
| 机械五金制造业 | 2.7 | 2.9 | 3.0 |
| 房地产开发销售租赁及其他租赁业 | 2.5 | 2.4 | 2.4 |
| 交通工具制造业 | 2.4 | 2.6 | 2.6 |
| 艺术、娱乐和休闲业 | 2.1 | 1.9 | 1.5 |
| 行政、商业和环境保护辅助业 | 2.0 | 2.0 | 2.5 |
| 运输业 | 2.0 | 2.3 | 1.5 |
| 家具、医疗设备及其他制成品业 | 2.0 | 1.9 | 2.0 |
| 其他服务业（除行政服务外） | 1.8 | 1.6 | 1.8 |
| 水电煤气公共事业 | 1.8 | 2.6 | 2.3 |
| 住宿和饮食业 | 1.4 | 1.4 | 1.4 |
| 纺织、皮革及成品加工业 | 1.1 | 1.0 | 1.2 |
| 食品、烟草、加工业 | 1.1 | 1.4 | 1.4 |
| 批发商业 | 0.9 | 1.0 | 1.0 |
| 邮递、物流及仓储业 | 0.9 | 1.1 | 1.1 |
| 农业、林业、渔业和畜牧业 | 0.7 | 0.8 | 1.0 |
| 初级金属制造业 | 0.5 | 0.6 | 0.6 |
| 矿业 | 0.5 | 0.4 | 0.7 |
| 玻璃黏土、石灰水泥制品业 | 0.4 | 0.3 | 0.3 |
| 木品和纸品业 | 0.3 | 0.2 | 0.3 |
| 宗教协会群众组织 | 0.2 | 0.2 | 0.2 |

[数据来源] 麦可思研究院. 2018 年中国本科生就业报告［M］. 北京：社会科学文献出版社，2018.

### 2.1.1.3 新兴业态引领下的就业创业形势

随着经济结构调整、新旧动能转换，如今出现了许多诸如共享经济、"互联网+"、工业 4.0 等新兴概念，这些概念与传统产业中的商品及服务形态结合在一起促使新兴业态层出不穷（如表2-2所示），极大地释放了民众的创新创业潜力，而更多的就业需求和就业岗位也随着新业态的发展得以快速地增长。可以说，正是因为各类新业态、新模式、新产业蓬勃兴起，才能在传统行业的就业形势趋于饱和的状态下，继续为保就业提供坚实的支撑，使就业结构更加优化，还能给予就业困难群体更大的发展空间。

表 2-2  近年来兴起的常见新业态一览

| 智能出行 | 在线医疗健康 | 在线教育培训 |
|---|---|---|
| 主题街区体验 | 儿童娱乐体验 | 新兴数码科技 |
| 粉丝周边 | 手工 DIY 制作体验 | 创新联合办公 |
| 风格式生活家居 | 微型娱乐业态 | IP 效应 |
| 网红饮食 | 网络生鲜 | 新型跨界书店 |
| 连锁小吃 | 无人零售业态 | 网约导游 |

新兴业态带来的新动能是新增就业最大的容纳器，应届毕业生在择业时也可更多地关注新业态引领下的就业趋向，为自己未来的职业道路寻找更广阔及多样化的空间。对于已有自主创业目标的学生，应多关注社会经济动态和前沿热点，分析新兴产业的发展和走向，结合自身的专业性与实际性进行创新，开辟新的创业模式和细分市场，从而打造自己的事业。

### 2.1.1.4  薪酬水平的分布特征

薪酬是各阶层求职人员和用人单位都非常关注的问题，薪酬的高低、涨幅直接影响求职者的就业质量以及幸福感，同时也影响企业的运营成本。就全国薪酬水平分布情况而言，就职者的平均薪酬水平在不同的地区、行业以及学历上从长期而言一直存在较为明显的分布差异。

（1）薪酬的地区分布特征。我国地域幅员辽阔，人力资源分布也相对分散，区域间经济质量与总量、人力资源薪酬与待遇都存在较大差别。长年来，薪资水平较高的城市多集中于北、上、广地区和东南沿海地区，比如广东、浙江、江苏、福建等。除此之外，一些内陆腹地省区的省会城市或直辖市的平均薪资水平也处于全国薪酬水平排行较前的位置。

（2）薪酬的行业分布特征。在当今加速发展的中国，部分国民经济支柱行业的薪酬水平明显高于其他传统行业，比如建筑业、金融业、互联网和相关产业这三大行业的平均年薪便远远高于其他行业，金融业的薪酬相对波动性要大些，随着金融市场的好坏而有所涨跌；而在传统行业中，能源业、通信服务业和房地产业的平均薪酬水平又居于其他传统行业之前；消费品制造、批发和零售业、机械制造业等薪酬较长时期中一直处于各行业中等水平；最后，教育业和政府及公共事业的薪酬水平最为稳定，但增长性不明显，处于行业薪酬排行的中低位。

（3）薪酬的学历分布特征。虽然如今的企业越来越看重就业者的职场经验、职业技能、人际沟通能力等与个人潜力开发的相关因素，但学历因素仍然是当今影响薪酬水平的重要因素，也是企业衡量求职者的主要因素之一。从学历角度整体而言（排除个别情形），薪酬水平高低与学历高低形成了严格的正相关关系，博士及以上学历的人群的薪酬水平明显高于其他学历背景的人群，并呈现随学历提高薪酬水平递增的趋势。由此可见，在有效的人力资源能力评估体系出现之前，学历依然是企业衡量人才质量水平的有效途径之一。

### 2.1.1.5 劳动力市场结构失衡特征

随着我国经济的高速发展、信息产业的推进、生产效率的提升，劳动力过剩情形将更加严重；同时，新兴产业的迅速崛起对跨界人力资源、未知领域人力资源形成的巨大需求，与人力资源市场短期内无法形成的人才供给，形成鲜明对比；再者，由于我国在早期实行的计划生育政策，导致当今国内老龄化人群和新生代人群之间的劳动力人口断层问题趋于严重，即工作人口与非工作人口之比下降、老龄化现象日趋严重；劳动力质量上，虽然中国是世界上儿童识字率最高的国家之一，但庞大的基数并没有转化为高质量，国内高等教育培育的人才能力水平与大型企业所期待的人才质量一直有所差距。上述这些原因均导致了我国劳动力市场处于整体性与结构性失衡的状态。除此之外，求职需求区域倾向不平衡、招聘需求行业分布不平衡、企业岗位供需分布不平衡也是造成我国劳动力市场结构失衡的主要因素。

（1）求职需求区域倾向不平衡。我国职位青睐度最高的城市一直以来都以北、上、广、深为代表，其人力资源吸引能力较强，具有求职人员充足且多层次化、企业招聘需求多样化且需求期较长等特征；相比之下，四线城市普遍具有经济发展较为薄弱、企业结构多以中小微企业为主，其人力资源吸纳能力相对较弱，企业招聘需求多集中在中小微企业的中低端需求，因此职位供给波动较大。

（2）招聘需求行业分布不平衡。在行业分布上，由于近几年互联网及其相关产业异军突起、飞速发展，导致互联网相关技术人才需求高涨，其人力资源稀缺度高于其他行业，同时也导致招聘需求的专业分布较为集中于与"互联网+"概念高度相关的专业，诸如计算机、金融、财会、市场营销等相关专业。相对而言，在传统实体产业中，几乎所有产业均出现了职位供给侧相对饱和的状态。

（3）企业岗位供需分布不平衡。除了区域经济和行业带来的就业不均衡压力之外，企业性质也是岗位供需不均的主要影响因素之一。国企、外企、合资企业、上市公司、私营/民营企业、政府机构、事业单位等不同的用人单位属性，在就职吸引力上均存在明显的压力差异。其中，大型国企或股份制企业、"独角兽"高新科技企业的求职压力最大，其吸引投递和被投递的数量比其他企业更多，而传统巨头如 BAT 企业的求职情况较为稳定，政府机关与事业单位的求职竞争压力有越来越小的趋势，这也从侧面反映出目前人力资源追求的价值取向有了一定程度的变化。

### 2.1.2　人才招聘市场的新趋势

随着互联网、大数据与人工智能的飞速发展与应用，人才招聘已逐渐摆脱早先的高度机械性的简单操作、枯燥乏味的人才搜寻、一再重复的简历筛选与面试排期这些效率较低的流程，而是朝智能化、网络化、多元化、中介化发展，已然开始形成新的人才招聘格局。其中，人才多元化、面试形式创新、大数据分析以及人工智能的引入是如今我国人才招聘市场发展的主要趋势。

#### 2.1.2.1　人才多元化

人才多元化是改变目前招聘格局的最关键因素，也是受到最广泛认同的趋势，越来越多的用人单位在招聘中已主动应对这一变化。多元化在企业招聘中总是与包容性和归属感这两大要素密不可分的。全球最大职业社交网站LinkedIn（领英）的《2018 年中国人才招聘趋势报告》显示，中国企业招聘人员面临的现状是，员工队伍多元化程度尚未达到全球平均水平，但相比之下，他们更关注企业能够为人才带来的包容性与归属感。调查显示，中国企业重视人才多元化的主要诉求在于加强企业文化建设、提升企业绩效以及能更好地代表客户，因为证据显示多元化的团队更能出成果、更有创新力、更有积极性、更能为企业带来整体绩效和品牌效应的提升。

从全球来看，企业人才多元化举措的关注点主要集中在应聘者或员工的性别、种族、残疾等先天情况的多样性上，即更多地关注人才本身的多样性特质；而在我国，对于人才多样化的理解更多地集中在文化、教育背景等因素的多样性，中国企业更注重招聘人才的成长环境以及后天养成因素，因为这些因素更能帮助企业营造一个更多元包容的工作氛围。

#### 2.1.2.2　面试形式创新

现阶段，我国大部分企业在面试阶段仍然采用的是传统面试形式和流程，包括一对一面试、多对一面试、电话面试等，这些传统面试手段虽仍在广泛使用，但其效果不尽如人意。在中国招聘人员和应聘人员眼中，传统面试存在许多缺陷，诸如难以有效衡量应聘者的软技能和弱项、无法评估应聘者是否具有勇气和魄力方面的职业人格、面试官存有偏见、招聘流程过长等。

为了弥补传统面试的缺陷，使企业更好地筛选人才，一些企业在招聘手段上进行了不断创新，其中包括面试形式的革新。在各种新兴面试手段中，较为有用的创新面试方法包括软技能评估、工作试用、轻松环境下的评估、虚拟现实参观、技能测试、游戏化评估、智能化提问等。这些非传统面试方法主要被我国一部分大型科技类企业或跨国企业采用，它们能更真实地反映应聘者的性格，同时也能使应聘者通过实践了解职位与自己的契合度，相比传统面试方法更客观、更能减少偏见。

### 2.1.2.3  大数据分析

随着互联网和大数据分析在各行各业的普及应用，招聘这种与人打交道的职业也开始与数据结合起来。数据显示，越来越多的企业已经在招聘工作中利用大数据来进行人才招聘决策。在我国，这个比例更为惊人。相较于世界其他地方的企业，更多中国企业正在意识到大数据在招聘和留住人才方面创造的重大价值，它们也倾向于在招聘实践中运用大数据分析，提高效率。

当今越来越多的企业，无论大型还是中小型企业，均逐步引入了人力资源管理系统来记录员工包括入职、薪水、绩效等各类与工作相关的信息，这些信息最终成为企业所用的人力资源数据，使企业能通过数据分析，更好地理解人才流失、技能缺口、薪酬待遇等问题。我国企业对人才数据的主要用途在于提升留存率、提供合适待遇、了解应聘者诉求、开展劳动力规划、评估人才供需关系、对比竞争对手人才指标、预测招聘需求等。值得一提的是，人才大数据分析的进一步发展，还能帮助企业挖掘隐含在人力资源数据中的行业趋势，使企业能更好地制定未来的战略规划。

### 2.1.2.4  人工智能的引入

如果一个职位需要人工浏览 300 份简历和无数邮件，招聘效率难以提升，甚至会导致很多应聘邮件根本未被招聘者浏览，从而遗漏掉适合职位的人才。然而，人工智能的引入将会极大地解决这一招聘难题。它可以帮助招聘人员自动完成简历搜寻、筛选、面试排期等事务，从而加快招聘工作进程，同时还可以帮助招聘人员发掘单靠人力难以洞察的人才信息。人工智能在人才招聘工作中的关键优势在于节省时间、消除人为偏见、节省招聘成本。

大部分接受过 LinkedIn 调查的中国企业招聘人员认为，人工智能对于未来招聘工作会逐渐产生一定程度的影响力，招聘环节中的一些重复性工作有可能会在未来通过人工智能实现，诸如自动化搜寻、自动化筛选、自动化排期、自动化人才库培育以及自动化面试等。当然，无论人工智能如何发展，也不可能在将来完全取代招聘环节的个性化和人情味的部分，特别是中国企业相较于外国企业更重视应聘者的人际交往能力，这是人工智能无法辨识的。除此之外，人工智能在中国较难取代的环节还包括识别应聘者在资格证书以外的潜力、判断人才能否带来文化新元素、识别应聘者的需求、与应聘者建立适当的工作关系等。因此，未来招聘行业的趋势之一将会是人工智能与人工作业相结合的工作模式。

## 2.2 金融领域就业特征与就业机会

### 2.2.1 金融人才流动特征

金融业是一个周期性较强的行业，其行业景气度与就业情况会随着金融各细分市场的阶段性繁荣与衰退而发生周期性变化，但金融业作为现代社会经济的重要支柱产业，其繁荣程度也在一定程度上代表着一国经济的兴衰，因此从战略意义上看，金融业一直是国家宏观经济治理中的重点行业之一，也是吸纳各类人才的重要就业领域。在金融各细分行业迅猛增长、互联网金融不断冲击传统金融业、金融规范与管控政策不断加强的大环境下，金融机构类型不断增多，其从业人员数量也继续保持稳步上升趋势，但从业人员结构和质量在逐渐发生转变。

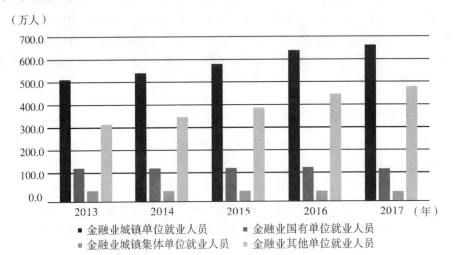

图 2-2　金融从业人员数量变化趋势

[数据来源] 国家统计局年度数据库。

如图 2-2 所示，我国金融行业从业人员总数在 2013—2017 年五年间一直稳步增加，即便在这期间，我国金融市场发展起伏跌宕，经历了几次牛熊市的转换、互联网金融的野蛮生长与政策管控、P2P 平台频繁"爆雷"、去杠杆和资产管理新规全面出台等重大事件，整个行业的就业情况仍一直保持稳定。另外，从图 2-2 还可以看出，金融机构之间的人才流动更容易向股份制、民营、外资或一些中小微金融机构倾斜，而金融业国有单位和集体单位的就业人员数量在这五年间几乎没有较大变化，甚至在 2017 年还出现了略微下降的趋势。从细分行业的角度来看，银行业多年以来一直是金融人才最集中的行业，其就业人员曾一度接近金融业总人数的一半。然而随着银行业进入转型期，未来银行业用人需求可能将处于低速增长状态，而保险、证券、基金和一些新兴金融机构的用人需求在将来会进入高增长状态。

随着金融行业的持续壮大以及细分发展的差异化，金融业内人才流动也在不断加剧。与其他行业相比，金融业内人士的平均在职时间明显更短且有进一步缩小的趋势。这与金融业近年来创新业务不断增长有紧密联系，而新业务新模式必将导致更为频繁的人员变动。在市场推动下，多数金融机构近年来不断拓展新业务、发展混业经营，部分主营业务处于市场热点的金融机构一直存在人员招聘需求和压力。不过就长期而言，国内金融业内人才的平均在职时间将随着市场的成熟而增长，并逐渐趋于稳定。

对比其他行业，金融业人才流动一直具备以行业内流动为主的特征，说明金融行业的吸引力比其他行业更强。从全球金融市场整体情况来看，金融行业人才较少跨行业流动是普遍现象。然而在互联网金融不断冲击传统金融业，以及金融机构进一步发展混业经营的新形势下，金融行业对复合型人才的需求不断上升，未来也许有望打破金融业的行业壁垒，跨行业间的流动或将出现上升。

金融人才流动的加剧提供了大量的就业机会，金融及其相关专业人才应紧紧把握住金融行业的创新拓展大潮，通过提高自身的专业能力和综合能力，找到适合自己的岗位，帮助自己在未来的金融领域职业发展之路上打下坚实的基础。

### 2.2.2 金融行业薪金特征

金融业较少跨行业流动的另一原因，则是金融业平均薪金远高于其他行业的平均水平，同时，中国金融业薪金水平的增速远高于同期发达国家水平。十几年来，随着中国经济的高速发展，金融行业的平均工资已经增长数倍，不过金融行业工资的增速并没有比 GDP 增长更快，两者几乎是完全同步的。就金融行业内部而言，不同企业属性和不同细分行业之间的薪金特征是存在明显差异的。

如图 2-3 所示，我国金融业城镇单位就业人员平均年薪在 2013—2017 年五年间一直保持低速增长状态，维持在 11 万~12 万元之间。其中，金融业集体所有制单位从业人员的年薪收入是所有金融企业中最低的，其他股份制、民营、外资、合资等金融机构的薪金则一直高于行业平均水平，而相比之下，国有金融机构因其职位稳定性较高，一直以来是多数经管类专业应届毕业生的就职志愿首选，但其薪金水平在金融行业中并未处于较高的水平，甚至略低于行业城镇薪金平均水平。

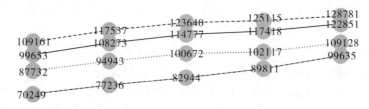

（单位：元）

| 2013年 | 2014年 | 2015年 | 2016年 | 2017年 |

——● 金融业城镇单位就业人员平均年薪　　······● 金融业国有单位就业人员平均年薪
——● 金融业城镇集体单位就业人员平均年薪　- -●- - 金融业其他单位就业人员平均年薪

**图 2-3　金融业从业人员薪金变化趋势**

［数据来源］国家统计局年度数据库。

从银行、证券期货及保险三大金融细分行业的角度来看，银行业的薪金水平相对稳定，且呈现上市股份制银行的平均薪金水平高于国有四大行的薪金水平的趋势；证券期货业（包括基金业）的薪金水平波动较大，在牛市阶段，薪金水平远高于银行业和保险业，但在熊市阶段，其薪金水平又会回到金融行业平均水平线附近；最后，保险行业的平均薪酬在金融业中排位长年以来落后于银行、证券、基金等行业，然而自 2017 年起，部分上市保险公司的薪金水平有了一定程度的增幅，其高薪收入主要集中在精算、IT、投资岗位上。

除了薪金水平的高低特征以外，金融业的薪酬奖励方式也存在逐步向多元化发展的特征。大部分金融机构的薪金制度都是"基本工资+绩效奖励"的结构，在以前，就业人员更重视基本工资（底薪）部分的提升，而如今，企业和员工都更加关注绩效奖励部分的薪酬设计方案，不同类型的金融机构或职业岗位可根据其业务性质设计不同的绩效管理体系，并将其与薪酬奖励结合起来，通过合理安排设计短期与长期、个人与群体的激励计划，来达到改善整体业绩、灵活调整薪金支付水平等目的。除此之外，随着业内人才流动的不断加剧，我国一部分上市金融机构为了留住人才以及稳定管理层，开始逐步将股权激励计划作为创新的薪酬奖励制度普及开来，诸如实行面向管理层的股权补偿或实施员工持股计划等。

## 2.2.3  学历及专业需求特征

金融业被普遍认为是所有行业中平均学历最高的行业之一，能与之不相上下的就只有计算机与信息技术行业了。从近年来招聘应届生的情况来看，许多金融机构显然对"专业对口"这一项的要求放宽了许多，相比之下，拥有一个好的毕业院校将成为候选人胜出的首要标准。如今金融业都是混业经营，拥有复合型人才至关重要，毕业于重点院校可以从一定程度上证明候选人的学习能力，这为企业将其培养成复合型人才提供了很好的基础。根据对北京和上海的金融基础人才招聘情况的调查（如表2-3所示），对于金融机构和高端金融人才相对集中的京沪地区来说，求职者毕业院校一直是各类金融机构招聘的首要标准。虽然许多金融企业在用人时也发现求职者的毕业院校并不是员工优秀与否的唯一标准，但在初次筛选时，面对诸多应聘者，提高筛选效率的最快捷方式仍是限制学历、优中选优。

表2-3  金融企业校园招聘选拔的重要标准

| 企业类型 | 首要标准 | 重要标准 |
|---|---|---|
| 银行 | 综合素养 | ·综合素养<br>·毕业院校<br>·社会实践经验 |
| 证券基金 | 毕业院校 | ·毕业院校<br>·专业对口<br>·学历水平<br>·财务金融类专业证书 |
| 保险公司 | 毕业院校 | ·毕业院校<br>·专业对口<br>·学历水平<br>·综合素养 |
| 金融服务类企业 | 毕业院校 | ·毕业院校<br>·专业对口 |

[资料来源] CFA研究院. 中国金融业人才发展报告［R/OL］. 2016：15. http://www.doc88.com/p-9166962564366.html.

然而，金融行业在本质上属于服务业，其就业层次存在高、中、低端之分，不同层次对学历及专业的要求存在很大的差异。比如在整体学历水平相对较高的证券行业，对于保荐代表人、投资主办人、分析师这类处于行业高端的职位，其学历要求至少是硕士及以上；而对于投资顾问这类处于行业中低端的职位来说，其学历要求则降低为本科及硕士；最后对于证券行业专业要求最低的经纪业务相关职位来说，几乎没有学历限制，大部分由本科、大专甚至中专、高中学历构成。

专业对口方面，由于金融各细分行业业务本质上有所不同，对就业人员的选拔标准也会有所差异。对于专业知识需求较强的职位，如精算师、风险管理师等，则往往需要满足专业学历和资格证书的要求，这也解释了为什么证券基金业及保险业整体上对专业对口的要求稍强一些。在一些较为高端的金融投资管理领域，对专业的要求甚至超出了财经金融类专业，比如证券研究所在招聘行业分析师时，除了考察其拥有财经类专业学历证书以外，还要求其必须具备与其所调研行业相关的专业资质，又比如部分基金经理会被要求具备数理建模、计算机编程等相关专业背景。

### 2.2.4 相关资质证书需求特征

在金融领域就业，除了最基本的学历和专业要求之外，大部分金融细分行业均对从业资质有明确要求，即必须具备相关资格证书才能签约上岗，这是我国金融各细分行业对于从业人员的执业标准、业务规范的自律性管理和监督。除了最基本的从业资格证书以外，一些含金量较高的国际认证资格证书在国内也逐渐兴起，并越来越被金融机构所认可，是可以在一定程度上证明就业者资质的行业通行证。虽然各细分行业因其职能业务内容的不同，所认可的资格证书也有差异，但事实证明，国际认证资格证书因其专业权威性和全球普遍性，已在求职领域中占有越来越重要的分量。

表2-4　金融细分领域资质证书需求一览

| 从业领域 | 相关资质证书 |
|---|---|
| 会计 | ·初级/中级/高级会计师<br>·CPA/CICPA（中国注册会计师）<br>·AICPA（美国注册会计师）<br>·ACCA（特许公认会计师公会） |
| 银行 | ·银行从业资格证<br>·中级经济师<br>·AFP（金融理财师）<br>·FRM（金融风险管理师）<br>·CFA（特许金融分析师）<br>·PMP（项目管理专业人士资格认证） |
| 资本市场与金融服务 | ·证券从业资格证<br>·期货从业资格证<br>·基金从业资格证<br>·CFA（特许金融分析师）<br>·CPA/CICPA（中国注册会计师） |

表2-4(续)

| 从业领域 | 相关资质证书 |
|---|---|
| 保险 | ·保险从业资格证<br>·PMP（项目管理专业人士资格认证）<br>·FLMI（寿险管理师）<br>·CAA（中国精算师）<br>·ASA（北美准精算师）<br>·FSA（北美正式精算师） |
| 投资银行 | ·证券从业资格证<br>·CFA（特许金融分析师）<br>·CPA/CICPA（中国注册会计师）<br>·ACCA（特许公认会计师公会） |
| 投资管理 | ·CFA（特许金融分析师）<br>·CPA/CICPA（中国注册会计师）<br>·FRM（金融风险管理师）<br>·PMP（项目管理专业人士资格认证） |
| 风险管理及私募基金 | ·CFA（特许金融分析师）<br>·CPA/CICPA（中国注册会计师）<br>·PMP（项目管理专业人士资格认证） |

［资料来源］CFA研究院. 中国金融业人才发展报告［R/OL］. 2016：17. http://www.doc88.com/p-9166962564366.html.

在表2-4所罗列的各领域从业所需证书中，部分属于从业基本必备资质认证，比如证券从业资格证和期货从业资格证，若未获取该资质，则无法上岗从事证券期货相关的一般性业务；另一类则为非必备类资格证书，但若持有，则能代表就业者在行业中具有一定程度的专业性和竞争力，比如CFA和ACCA这类现今金融机构越来越看重的一些国际认证资格。

致使国内金融机构普遍认可国际资格证书的原因主要在于：

（1）国际认证资格证书是需要额外学习、考试以获得资格认证的，所以资格证书相当于是候选人对自我高要求的证明；

（2）资格证书可以证明候选人在相应的领域里有知识积淀；

（3）基于考取这些资格证书需要消耗大量的时间与精力，考取相应专业资格证书的人才通常具有比较清晰的职业规划和专注领域，比其他人更易有突出表现。

对于金融业内人才来说，获取国际认证资格证书不仅是巩固、丰富自己行业知识的有效途径，更是对自身能力的证明。随着国际认证资格证书在行业内地位的不断提升，拥有证书将帮助业内人士在竞争中占据更有利的位置。然而，在对个人职业发展进行规划时需要注意，资格证书主要对寻求金融行业初级和中级职位影响较大，而对高级职位的影响相对较小。对于金融业初级职位就业者来说，由于行业经验有限，可以提供给机构判断人才素质的信息较少，证书就可以解决信息不对称的问题，成为就业者专业能力和素质的有效证明。而高级职位就业者一般都已经有比较深厚的行业经验背景，招聘单位可以从这些行业经验背景里判断候选人所具有的素质和专业能力，因此资质证书的参考作用相对较低。

## 2.2.5 金融主流领域的就业特征

在近年来监管政策趋严、市场套利空间收窄、传统业务模式陷入瓶颈、业绩增长遇阻的行业形势下，我国金融行业逐步走向专业和效率的发展路线，以融合和创新为驱动点引领行业走势，而传统金融机构和新兴金融巨头之间也开始在市场格局改变之中寻找机遇，在竞争中共谋发展。金融业不再拘泥于传统的业务形态，而是结合大健康、消费全周期、教育文化、新能源和智能制造等新经济增长点，依托于人工智能、大数据、区块链等新技术的发展，开始重新定义金融业态。在金融科技和产品创新加速发展的背景下，对金融安全与合规的关注也随之提升。金融行业的人才需求也在行业趋势中由数量型向质量型转变。

表2-5基于2017—2018年我国金融市场的发展现状，总结并展望了银行、证券基金、保险、互联网金融这四大金融主流领域的人才发展趋势和就业机会，为经管类应届毕业生未来在金融领域寻找就业机会和进行职业规划提供思路与参考。

表2-5 金融主流领域人才发展趋势与就业机会

| 金融领域 | 人才发展趋势 | 人才缺口 | 人才来源 |
|---|---|---|---|
| 银行 | ·进入了明确战略与加速布局阶段；<br>·传统对公业务发展平稳，没有高效的增长，但能够稳中求进，并不断优化业务结构与质量；<br>·投资银行和金融市场愈加创新与活跃，成为银行业在对公领域的新增长跑道，人员质量与数量需求均在上升；<br>·随着国内消费的加速升级，抓住与"互联网+"、大数据、人工智能、区块链等新金融科技结合，加速消费升级服务<br>·大零售、互联网金融、电子交易与支付等主题成为零售领域的布局重心，也促使银行更加市场化、科技化；<br>·对公业务发展趋稳，人才流动较少，增量不多。零售、交易、供应链、科技等人才争夺激烈，需求旺盛 | 零售、交易、供应链、金融科技等中高端人才 | 银行业、互联网金融圈、互联网科技领域 |

表2-5(续)

| 金融领域 | 人才发展趋势 | 人才缺口 | 人才来源 |
|---|---|---|---|
| 证券基金 | ·随着金融安全上升为国家战略,加速去杠杆和业务强监管,完善风险控制合规体系成为行业热点;<br>·服务于产业升级和全球化,证券业务进一步双向开放,境内券商通过设立境外子公司以及寻求海外上市等进行国际化业务网络扩张,合资券商也努力抢占境内市场,高端专业人才、海外人才成为行业热点;<br>·科技加速服务创新与升级,向互联网化转型发展的节奏进一步加强,金融科技人才继续成为热点 | 保荐代表人、一级市场专业领域投资人才、金融科技人才 | 同业、各行业的专业人才、互联网行业 |
| 保险 | ·保险业务与保险资产管理业务监管继续加强,创新与兼管并进,完善风险控制合规体系成行业热点;<br>·寿险公司在今年相对平缓地布局于地理扩张,销售型人才即个险和分公司负责人需求小增;<br>·健康险、养老险上的产品创新一直为主旋律,市场的成熟度和反馈效率仍有待验证,但促成了保险公司在大健康主题产品与精算人才的需求扩张;<br>·财产险不断与科技融合,优化运营并提升效率,科技类人才成为需求热点;<br>·保险资管领域,股权投资、不动产投资依然是主要的需求方向;<br>·新公司与网点的批筹放缓,高端人才市场的流动相对有限 | 法律合规、风控、精算与产品、科技、互联网+保险的复合型人才 | 保险行业、互联网企业 |
| 互联网金融 | ·互联网金融行业格局企稳且渐渐明朗;<br>·金融行业的科技化相对稳步建设,以金融为核心的金融行业科技化在产品合规和风险控制上有更多的体现,虽在科技化的过程中加速有限,但依然有清晰的业务边界,并使产品边界向精深发展;<br>·互联网企业的金融跨界进入专业企稳的阶段,互联网的科技基因赢得海量数据和交易场景的丰富化,与此同时一流互联网企业金融化建设也进入了系统化的阶段,跨界整合部署相对缜密,加速优势渐显;<br>·初创企业和中小企业以专业经营战略和合规化运营为分水岭,进行不合规企业的洗牌,致使强者愈强、弱者被淘汰的态势日益明显 | 产品、运营、人工智能、开发专家、金融主体性人才 | 互联网金融公司、互联网企业、金融机构 |

[资料来源]科锐国际(北京科锐国际人力资源股份有限公司). 2018人才市场洞察及薪酬指南[R/OL]. 29-30. http://www.useit.com.cn/thread-17673-1-1html.

# 2.3 金融领域就业指导与建议

## 2.3.1 合理选择金融细分领域和职位

金融领域涵盖的职业范围较为广泛，除了上一章节中表 2-4 和表 2-5 所罗列的一些金融类主流从业领域外，还有与其他行业相结合的交叉领域。所以，金融及其相关专业的应届毕生需要根据自身职业人格、专业特长以及就业时期的行业变化趋势进行职业选择，同时，在完成专业教育、走出高校之后，也要时刻结合金融机构的用人标准提高自身能力，向复合型、创新型人才方向进行自我塑造，从而铺就更好的职业发展道路。

应届毕业生在选择金融细分领域和具体职位时，可参考以下就业建议：

（1）重点关注市场细分中的增长性行业和创新性领域。现今金融业总体保持稳健发展，各个细分行业的比例格局正日趋均衡化，因此在选择行业时，应充分考虑当前金融行业细分格局及未来发展趋势，可重点关注资产管理、私募基金、互联网金融等增长性行业和创新性领域，拓宽视野，做出符合行业发展趋势并且适合个人能力的职业选择。

（2）进行职业选择时可适当考虑非一线城市的工作机会。由于金融业的发展水平存在明显的区域差异，以及非一线城市的人才供需长期处于不匹配的状态，所以，金融人才在就业的地域选择时应谨慎权衡，不要盲目涌入北、上、广、深或新一线城市和地区寻找机会，而是可以结合自身情况，考虑非一线城市的工作机会，把握住成为开拓者的机遇，在非一线城市的职业发展中获得更优的业务拓展经验以及更多的晋升机会。

（3）择业时着眼长期发展，综合考虑薪酬水平和多元激励机制。应届毕业生在就业时不应着眼于初入行业时的短期薪金水平高低进行职业选择，而是应根据行业薪酬水平及发展趋势适当调整预期，综合考虑长短期的薪酬、福利、股权等多种激励方案，着眼整体情况以及长期发展。

## 2.3.2 提高个人能力以适应职业发展的需要

现代人才市场是流动性较高的市场，尤其是在金融行业，同行间的人才流动较为频繁，因此应届毕业生在进行职业选择时，不需要执着于在首次进入的企业和职位上从一而终，而是应更着眼于所选择的职位能够为自己带来多少行业经验积累，这些积累能否提高自身专业能力，让自己在金融业内朝更高端的职位方向发展。

应届毕业生在从业时期的能力发展与职业发展方面，可以参考以下建议：

（1）通过获取行业国际资格认证等方式，增强自己在业内竞争优势。金融人才在选择院校专业时，应明确毕业院校较专业背景更为重要。而对于部分专业性较强的职位，除了需要重视专业与工作的对口程度及相关知识技能的掌握程度之外，还应重视国际资格认证（参考2.2.4章节中表2-4的内容）的考取，特别是会计相关、投资管理、投资银行等职位。另外，金融人才应重视本土的工作经验，加强对本土市场的了解，并可通过海外学习与工作来培养自己的创新能力，积累新兴业务的发展经验和海外机构相对成熟的管理运营经验等。

（2）积累跨行业经验，保持对互联网金融等热点行业的关注和学习。混业经营是金融业发展趋势，金融人才应注重积累行业内外的经验，特别是通过对非金融领域的关注和学习来积累跨行业知识，培养跨行业能力。而非金融专业的人才也可以通过完善自身的金融知识积极投入到金融业的发展中来。

# 【实训项目三】　金融类职位的检索与选择

## ■实训目的

1. 对各类招聘信息发布平台有一个全面的了解。
2. 学会有效使用招聘平台搜索并获取金融类职位的招聘信息。
3. 能对自己的意向金融企业及职位所需要的人才有清晰的认识，并评估自己的能力和竞争力是否能胜任该职位。
4. 学会分析自己的应聘可行性和录取可能性。

## ■实训要求

1. 请根据"实训指导：金融类招聘信息的检索与筛选方法"中的内容，运用各类招聘信息检索渠道，筛选出五个符合自己意向的金融类职位。

2. 本实训项目在"实训指导"之后提供了一份"意向职位对比表"（表2-7），请将自己筛选出的五个意向公司及职位按求职意愿的强烈程度依次填写在表中，并按照表格要求认真分析填写以下内容：

（1）检索来源：该职位信息是通过哪种渠道找到的（当地人才市场招聘会/金融机构官方网站招聘系统/专业招聘网站/校园就业信息网/招聘外包机构等）。

（2）职位要求：该职位对所需人才的学历、专业水平、职业技能、资格证书等方面有什么具体的要求。

（3）应聘可行性：分析自己的主客观条件对该职位条件的满足程度，以及跟其他人相比，自己的竞争优势。

　　(4) 录取可能性：将自己的应聘可行性与该职位要求进行比较，大致估算自己被录取的可能性（概率）有多大。

### ■实训指导：金融类招聘信息的检索与筛选方法

　　在互联网资讯高度发达的今天，各种人才招聘方式也与互联网结合，得以向社会公众广泛发布，使人们在网络上就能搜寻到各类企业招聘公告、招聘会地点与时间等信息，使应聘者与招聘者的双向选择变得更加高效。本部分的实训指导将介绍八种常见的招聘信息获取渠道及筛选金融类职位的方法（如图2-4所示），供应聘者参考。

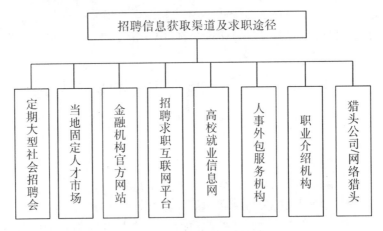

图2-4　招聘信息获取渠道

　　1. 定期大型社会招聘会

　　在我国大部分拥有会展中心、商务中心或公共体育馆等基础设施的城市中，一般会在城市的公共场馆设施中，由一家或多家人才招聘单位牵头主办定期的集中性大型人才招聘会。这类招聘会具有宣传推广力度大、招聘展位众多、行业类别多样、面向社会公众、召开时间多为春季秋季跳槽求职高峰期等特点。在这些大型社会招聘会现场，一般都按行业设定了展位区域划分，并设置有参与招聘会的各类企业列表。金融类求职者可在招聘会现场展示牌或宣传册中查询参与招聘的银行、券商、保险等机构名称和展位区域，并前往对应展位询问各金融机构提供的招聘职位及具体招聘要求。

　　检索所处城市大型社会招聘会的渠道主要有：

　　(1) 在当地会展中心官方网站查看当季举办的会展中是否有人才招聘会；

　　(2) 在"招聘会网"（www. zph. com. cn）首页中的"城市招聘会导航"一览中，按所在城市搜索招聘会举办信息。

2. 当地固定人才市场

固定人才市场是指在城市中一些固定地点、固定周期时间开放的人才招聘中心，虽然也面向社会各阶层求职人士，但其规模较大型社会招聘会要小很多，场地一般设置在城市商业中心的写字楼内。其优点在于定期开放，且周期间隔较短（一般每周都会集中举办几次招聘会），位置一般位于城市中心，交通便利；缺点在于由于规模较小，每次参与的企业数量和种类都较少。另外，当地固定人才市场举办的招聘会大多是有行业主题性质的，即每次举办的招聘会有定向的行业类别，并且以该城市的主流支柱行业为主。例如，重庆作为一个以工业及其相关服务为主要产业的城市，其固定人才市场举办的招聘大多围绕着汽车、电子、物流、建筑行业展开；又例如上海作为中国乃至亚洲的重要金融中心，其固定人才市场的招聘会就会提供较多以金融及其细分行业为主的职位。因此，一个地区金融业的发达程度决定了在当地固定人才市场中寻找金融类职位的可能性大小，也决定了其金融类职位供给质量的高低。

3. 金融机构官方网站

我国大部分大中型金融机构的人力资源管理体系都较为完善，有自己的一套面向全国的网络招聘系统，一般是通过各大金融机构官方网站首页导航中的"人才招聘"进入招聘页面，大部分金融机构将招聘方向锁定在校园招聘、社会招聘及实习生招聘三个方面，并可根据工作地点、所属分支机构、职位类别搜索相关职位。

4. 招聘求职互联网平台

由于互联网的高速发展，当今人才市场也日渐网络化，我国自20世纪90年代开始就出现了一批专业的人力资源服务供应商，发展至今便形成了广为人知的专业招聘网站（如表2-6所示），这些网站不仅汇集了全国各类的职位资源，还将招聘信息分类整理后为求职者提供职位搜索引擎，以及提供简历模板、在线职业档案、在线求职咨询、职业交流社区等多种服务。对于金融类职位的搜索，只需要注册登录相应的招聘网站，按金融细分行业搜索相应职位，并且可按薪酬范围、职位类别等条件对搜索进行条件设置，更精确地定位自己的金融类职位需求。

表2-6　国内主流专业求职招聘类网站一览

| 网站名称 | 网址 | 网站简介 |
|---|---|---|
| 前程无忧 | www. 51job. com | 国内较早的集多种媒介资源优势于一体的专业人力资源服务机构，大型人力资源服务供应商 |

表2-6(续)

| 网站名称 | 网址 | 网站简介 |
|---|---|---|
| 智联招聘 | www. zhaopin. com | 成立于1994年,国内较早、最专业的人力资源服务商之一,提供一站式专业人力资源服务 |
| 中华英才网 | www. chinahr. com | 58同城旗下专注于年轻精英白领招聘平台,国内较早的专业招聘网站,极具知名度的招聘网站 |
| 赶集网 | www. ganji. com | 中国较大的分类信息门户网站,分类信息行业的创新者,2015年赶集网与58同城合并但保持双方品牌独立 |
| LinkedIn | www. linkedin. com | 中文名为"领英",始于美国,是知名职业中介网络机构,也是全球较大职业社交网站,专注于招聘信息的收集和发布网站,推出面向中国用户的职场社交应用"赤兔" |
| 拉勾 | www. lagou. com | 专注互联网职业机会的招聘网站,以众多优质互联网资源为依托,为求职者提供人性化、个性化、专业化的信息服务 |
| 猎聘 | www. liepin. com | 国内专业的高端人才社区化招聘网站,实现企业、猎头和职业经理人三方互动的职业发展平台 |
| 大街 | www. dajie. com | 属于年轻人的移动社交招聘平台,以双向沟通的社交方式实现真实高效的招聘 |
| 应届生求职网 | www. yingjiesheng. com | 51Job旗下,国内较早的专业大学生招聘平台,领先的专门面向大学生及在校生的求职招聘网站 |
| 58同城 | www. 58. com | 国内较大的分类信息网站,提供房屋租售、招聘求职、二手物品、商家黄页、宠物票务、旅游交友、餐饮娱乐等多种生活服务。在招聘方面,主要按城市分类,及时更新同城的各类全职、兼职信息 |

[资料来源] 笔者根据国内浏览量较大的求职招聘网站及其公司简介整理而得。

5. 高校就业信息网

校园招聘是许多企业采用的一种招聘渠道,企业到学校张贴海报,进行宣讲会,吸引即将毕业的学生前来应聘。部分优秀的学生,可以由学校推荐。一些较为特殊的职位,也可通过学校委托培养后,企业再直接录用。我国大部分全日制本科高等院校的网站均设有"就业信息网",一般通过学校网站导航中的"招生就业"栏目登入。在学校的就业信息网中会提供本届毕业生双选会公告、企业宣讲会信息、招聘会信息、实习实训信息等。在通过该渠道寻找金融类职位时,可以不用局限于本校就业信息网,而是搜寻所处城市里以金融、经管类专业出名的高等院校的网站，登入其就业信息页面，检索有关金融类的校园宣讲或校园招聘。

6. 人事外包服务机构

人力资源服务外包是指企业为了降低人力成本，实现效率最大化，将人力资源事务中非核心部分的工作全部或部分委托人才服务专业机构管理。一般来说，人力资源外包包括人事服务外包、人力（劳务）外包和人力资源专业管理外包三种，这里所提及的人事外包服务机构主要是指第三方劳务外包机构。在当今很多金融机构中，有一些中低层职位，诸如银行柜员、大堂经理助理等职位，都交由第三方人事外包机构招聘、管理及签约。因此在寻找这类职位时，应届毕业生需要注意所签劳动合同的甲方是用人金融机构还是第三方人事外包机构，与前者所签的是正式劳动合同，而与后者所签的是劳务派遣合同，其主要是在待遇和福利上有所不同（例如没有在用人单位编制，工资比正式员工少，福利也比正式员工少等），两类合同只要内容不违反法律法规，均为有效合同。在金融行业，即便是通过人事外包服务机构派遣金融机构工作的人员，如果出现业绩突出、能力优秀者，也可与金融机构商谈转正协议，在达到双方约定业绩条件的情况下，可转为正式聘用员工。

7. 职业介绍机构

职业介绍机构分为非营利性职业介绍机构和营利性职业介绍机构两种。其中，非营利性职业介绍机构包括公共职业介绍机构和其他非营利性职业介绍机构。公共职业介绍机构是各级劳动保障行政部门举办、承担公共就业服务职能的公益性服务机构。而其他非营利性职业介绍机构是指由劳动保障行政部门以外的其他政府部门、企事业单位、社会团体和其他社会力量举办，从事非营利性职业介绍活动的服务机构。我国大部分职业介绍机构提供的职位主要面向中低端人才，求职者在向职业介绍所获取职业信息时，要注意区分其性质是营利性的还是非营利性的。如果是营利性的，则要注意其收取的职业介绍费用与其所提供的服务内容是否匹配、是否合法。

8. 猎头公司/网络猎头

猎头公司是"高级管理人员代理招募机构"的俗称，是外部招募渠道的一种，为组织搜寻高层管理人才和关键技术岗位人才提供招募服务。猎头的收入来源是由招募组织支付搜寻和推荐候选人所需的相应的佣金。其优点是能够提供专业性、针对性的服务，保密性高，节约时间；缺点是可能存在最终说服组织雇用某一候选人，而不是为组织找到一个适合所寻找岗位的人的倾向。而网络猎头，是指职业社交网站利用网络技术开辟的"平台+顾问（专兼职）"式猎头服务模式，是猎头行业的一个细分，其本质与猎头公司无差别。

由于猎头专门针对为企业和中高端人才提供招聘求职双向服务，所以通过网络猎头平台搜寻的金融类职位一般是诸如投融资项目总监、策略分析师、投研总监、基金经理、风控经理等金融机构中高端岗位，必然要求是有一定行业工作经验及行业资源的高端人士，或是在金融领域有较高的专业头衔的人士，不适合普通院校本科生及研究生层级的应届毕业生采用该渠道进行求职。但可参考猎头平台的金融类职位供给现状，分析当前金融行业高端人才市场的人才缺口倾向，为未来在金融领域的职业生涯发展提前进行规划，锁定长期的职业目标，并提前了解该目标对人才的专业能力、工作经验、业务水平等各方面的要求，便于为自己在金融领域的长远发展做足准备。

## ■意向职位对比表（表2-7）

表2-7　意向职位对比表

| 序号 | 意向公司 | 意向职位 | 检索来源 | 职位要求 | 应聘可行性分析 | 录取可能性 |
|---|---|---|---|---|---|---|
| 1 | | | | | | |
| 2 | | | | | | |
| 3 | | | | | | |
| 4 | | | | | | |
| 5 | | | | | | |

# 模块三

# 金融领域职业生涯规划

┌----- ■培养目标 ---------------------------------------┐
│ □了解职业生涯规划对个人职业发展的意义和必要性;
│ □学会结合金融及其相关领域的宏观环境、金融机构的组织环境以及
│   自己的教育背景、家庭环境、职业人格等因素,确立自己在金融领域
│   的长期职业目标,并针对该目标进行职业生涯规划设计;
│ □为个人职业生涯的开启做好求职准备,包括简历设计、建立在线职业
│   档案、职业人脉关系的梳理等。
└---------------------------------------------------┘

## 3.1 职业生涯规划概述

### 3.1.1 职业生涯规划的内涵

职业生涯规划（Career Management/Career Planning）是指个人针对自己的性格、兴趣、爱好、特长等成长过程中所形成的自身内在因素,结合自己所掌握的专业知识及技能,根据所处经济及就业环境特点,确定最佳的职业目标,并为实现这一目标进行一系列行之有效的安排。一个完整的职业生涯包括从职业学习开始到进入职场、职业升迁或职业转换直至最后退出职场,结束这一生的职业工作所经历的全部过程,而职业生涯规划则是对这个过程进行阶段性及全局性的动态设计、调整和管理。

个人职业生涯规划并不是一个仅与规划者自身相关的概念,它和个体所处

的家庭、组织以及社会存在密切的关系。随着个体价值观、家庭环境、工作环境和社会环境的变化，每个人的职业期望都有或大或小的变化，因此它是一个动态变化的过程体系，包括目标的发展变化、规划方向的发展变化、目标实现手段和方法的发展变化以及对职业目标完成情况的评估与认可态度的变化。

从时间角度来看，职业生涯规划一般包括短期规划、中期规划、长期规划以及人生规划四种类型。

（1）短期规划：1~2年以内的规划，主要是确立近期目标，规划近期完成的工作任务。

（2）中期规划：对2~5年的阶段性职业目标、工作任务以及达成手段和方式进行计划，是职场人士最常用的一种职业生涯规划。

（3）长期规划：对5~10年的长远性职业目标进行谋划，为此设立阶段性的具体措施。

（4）人生规划：涉及个人整个职业生涯的规划，时间跨度可长达40年左右，包括从新入职到退休整个过程的发展目标和阶段的设计与实现。

在实际操作中，由于职业环境和个人及家庭等因素随时都可能发生变化，一些机遇性的安排也会随时影响最初的规划和设计，因此时间跨度过长的生涯规划一般难以把握，容易随各种因素的影响而中断或调整，而导致其规划的意义不大。一般情况下，建议把个人职业生涯规划的重点放在2~5年的中期规划上，这样既可以根据实际情况设立可行目标，又可以随时根据现实的反馈对目标进行修正和调整。然而，对于一些对职业理想较为执着和坚持的人群而言，设立一个长远的职业目标并进行长期生涯规划对其人生有较强的导向和牵引作用。

## 3.1.2　职业生涯规划的必要性及意义

社会上很多处于被雇佣状态或是即将进入职场的人群都存在或短期或长期的职业或事业目标，但真正有清晰有效的职业规划的人却较少。一部分人不进行职业生涯规划也能偶遇机会，实现其职业理想，但这只是小概率事件。事实是，大多数人若不重视职业生涯规划，可能会大概率处于随波逐流、被动适应职场变化的状态，长此以往，容易在机遇来临时丧失竞争力而错失机会。"没有目标的人永远要为有目标的人工作"这句话恰如其分地说明了目标与规划对每一个人的重要性，拥有目标和规划虽然不一定直接导致成功，但行之有效的计划一定能大幅度提升成功的概率。

对于个人而言，职业生涯规划可以帮助我们树立明确的目标与规划，正确地认识自己、了解自己，运用科学的方法，发挥个人的专长，开发自己的潜能，克服困难和阻碍，衡外情、量己力，为自己确定一个合理而又可行的职业生涯发展方向，筹划未来，最终获得事业的成功，实现人生目标；而对于企业而言，职业生涯规划是满足人才需求，留住人才的重要手段，可以最大限度地调动企业员工的工作积极性，充分发挥其才华与潜能。这便是个人对其职业发展进行主动性规划的必要性。

职业生涯规划的主要意义和作用在于：

（1）以既有的成就为基础，确立人生方向，提供奋斗的策略；

（2）帮助自己准确评价个人特点、强项和真实意愿，重塑自我；

（3）对个人目标和现状的差距有清晰认知；

（4）根据现状和偶然性随时调整和定位职业发展方向；

（5）重新认识自身的价值并使其增值；

（6）帮助发现新的职业机遇；

（7）增强自我的职业竞争力；

（8）将个人生活、事业与家庭联系起来，让生活充实而有条理。

### 3.1.3 职业生涯规划的制定原则

一个有效的职业生涯规划，既要有利于个人职业成功，又要有利于个人的全面发展和家庭生活质量的提高，因此，在进行职业生涯规划时要立足个人实际，对影响职业生涯的因素进行总结和分析，确立个人发展目标，选择实现这一目标的职业并针对该职业的性质做出具体的规划和安排。个人在进行职业生涯规划时，应参考并遵循表3-1所罗列的制定原则，查看自己在制定规划时，是否满足下列原则所要求的内容。

表3-1 职业生涯规划的制定原则

| ① | 清晰性原则 | 进行职业生涯规划时应做到目标清晰、措施明确、步骤直截了当、安排具体有序 |
| ② | 挑战性原则 | 设立的职业目标应具备一定的挑战性，能通过达成目标提升自己的职业能力和职位水平 |
| ③ | 发展性原则 | 规划时要充分考虑职业上的变化与发展性因素，使职业目标或措施能依据环境、组织和个体的变化而进行调整，确保制定的目标和措施具有弹性和缓冲性 |
| ④ | 可行性原则 | 制定规划应从实际出发，考虑个人、社会、组织环境的特点与需要，确保有较大的实施可能性，并尽可能在规定的时间内完成目标 |
| ⑤ | 连续性原则 | 制定规划时要考虑人生各个发展阶段的连贯性，注重长期目标与阶段性目标的统一，确保具体规划与人生总规划一致 |
| ⑥ | 激励性原则 | 在确定职业目标时，确保目标与自身职业人格相匹配，能对自己产生内在激励作用 |
| ⑦ | 长期性原则 | 规划时要考虑自身职业生涯发展的整个历程，从长远考虑，着眼于大方向 |
| ⑧ | 可度量性原则 | 规划设计时应有明确的时间限制和衡量标准，便于在追求目标的过程中随时进行阶段性评估和检查，随时掌握执行情况，并为职业规划的修正提供参考依据 |

［资料来源］姚裕群，等. 职业生涯管理［M］. 3版. 大连：东北财经大学出版社，2015：63-64.

### 3.1.4　职业生涯规划的方法与步骤

　　由于每个人的成长环境、社交圈、价值观、个人追求有所不同，以至于对职业生涯的规划和追求的方式与方法都存在差异：有的人会根据自己的优劣势因地制宜地进行规划；有的人可能仅仅跟随就业市场当前的热点趋势规划职业；有的人根据自己既定的专业进行择业和规划；有的人可能将职业待遇的上涨视为规划的第一标准；有的人或许会根据性别、年龄、地位等刻板印象来选择职业；有的人也许会一味地服从父母等旁人的规划和安排开展职业……无论采用哪一种方法，每个人其实都在心里想过自己的职业规划，并且在内心进行粗略的职业规划时，总是离不开思考几个问题（如表 3-2 所示），这被称为"职业生涯规划的 6W 法"，常被企业在职业面试中用来测试应聘者对自我职业生涯规划的认知是否清晰。

表 3-2　职业生涯规划的 6W 法

| W1： | What kind of person are you?（你是什么样的人） |
| --- | --- |
| | 该问题是对自我进行分析的一个过程，分析自己的年龄、性别、个性、能力、身体状况、家庭状况、教育背景、特长、思维能力、过往经历、社会资源等情况，在分析过程中对自己的优势劣势有一个全面的把握 |
| W2： | What do you want?（你想要什么） |
| | 该问题强调的是对自己的职业需求及职业发展心理倾向的探索和展望，探索自己内心所期待的职业目标、收入目标、学习目标、名望与成就感。只有不断确立目标，清楚自己所要的东西，才能拥有克服困难和险阻的动力，不断超越并挑战自我，达成目标 |
| W3： | What can you do?（你能干什么） |
| | 该问题是对自己的能力和潜力进行剖析，剖析自己的知识结构是否全面、是否具备有效的决断力、专业技能是否能跟上职业发展的要求、是否具备在职业上持续发展的潜能 |
| W4： | What can support you?（什么能支撑你的职业发展） |
| | 该问题强调对个人职业发展的有利环境进行分析，包括社会经济、人事政策、职业空间、同事关系、领导态度、家庭支持、资金支持等各类主客观因素 |
| W5： | What fit you most?（什么最适合你） |
| | 该问题强调对职业发展构成要素的适宜性进行分析，寻找在职业发展道路中，哪些东西是与自己的性格、价值观、期望、理想最匹配的 |
| W6： | What can you choose in the end?（你最终会选择什么） |
| | 当明确了前面 5 个问题的答案之后，就应该对自己最终会做出什么样的职业生涯决策有基本方案了，清晰自己最终想要并适合选择什么职业目标和达成措施 |

[资料来源] 笔者基于职业生涯规划"5W"法（归零思考法）的内容重新编辑整理并进行拓展而得。

　　上述的 6W 思维方法是一种简洁、有效的职业生涯规划方法，能帮助求职者快速定位适合自己的职业生涯目标。但如果要将职业规划细节化，还需要遵循具体的步骤（如图3-1所示）。

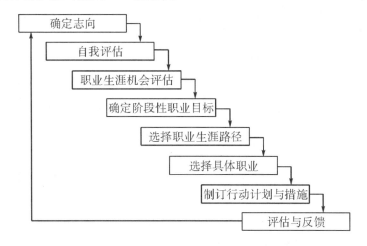

图 3-1　职业生涯规划的具体步骤

### 3.1.4.1　确立志向

确立志向是职业生涯规划的第一步，即树立职业理想。所谓职业理想，是指人们对未来职业表现出来的一种强烈的追求和向往，是人们对未来职业生活的构想和规划。它可以不是一个具体的职业目标，但一定代表一种较为高远的职业奋斗方向，且具备现实可行性，比如打算成为某一个领域的专家，或是能创立并经营自己的品牌事业等。只有确立了志向、明确了就业或创业方向，才能以此为依托进行具体的职业规划。

### 3.1.4.2　自我评估

自我评估即是通过客观、科学的评价方法进行自我分析，认识自己、了解自己、明确自己的能力圈。自我认知不仅要客观看待自己的优点，还要积极面对自己的缺点，这样才能避免职业规划的盲目性，使规划更具适宜性。自我评估的内容有很多，包括生理自我、心理自我、理性自我和社会自我等内容（如表3-3所示），其评估手段可以借助诸如 MBTI 指标、大五人格测评、霍兰德职业兴趣理论、职业锚等方法进行辅助分析。

表 3-3　自我评估的内容

| 自我评估项目 | 内容 |
| --- | --- |
| 生理自我 | 主要包括自己的年龄、性别、相貌、身体健康状况的优劣势分析 |
| 心理自我 | 主要包括对自我的性格、气质、兴趣、意志、情感、能力等方面的优缺点进行评估 |

·67·

表3-3(续)

| 自我评估项目 | 内容 |
|---|---|
| 理性自我 | 主要包括对自我的思维方式和方法、知识水平、专业技能、价值观、道德水平等因素的评价 |
| 社会自我 | 主要包括对自己在社会上所扮演的角色，拥有的社会资源，在社会中的责任、权利、义务、名誉，以及他人对自己的态度等方面进行评估 |

[资料来源] 姚裕群，等. 职业生涯管理［M］. 3版. 大连：东北财经大学出版社，2015：70.

### 3.1.4.3 职业生涯机会评估

一个人的职业发展，除了自身条件和努力之外，外在环境所带来的机遇和机会也发挥着重要的作用，所以要学会分析自己所处环境中潜在的机会，以便于在职业规划中能尽早地发现和把握机遇。对于职业生涯机会的评估，主要可以从社会环境和组织环境两方面进行分析。其中，社会环境分析包括对自己职业发展时期内的经济、人口、科技、政策、社会文化等因素的分析，挖掘当前环境的发展现状和趋势可能会为自己意向中的职业选择带来哪些机会；而组织环境分析主要是指对自己意向选择或已入职的企业或单位进行全面分析，挖掘就职单位的组织特征、发展战略、企业文化、人力资源状况等因素可能为自己的职业发展带来的机会。

### 3.1.4.4 确定阶段性职业目标

在有了一定的职业志向且进行了自我评估和机会评估之后，下一步便是根据前三个步骤的内容，拟订满意的职业发展方案，制定切实可行的职业目标，并立志于逐步实现每一个阶段性目标。在确定阶段性职业目标时，可以从职业发展最终目标开始，采用自上而下的目标分解方式，依次制定长期、中期、短期规划以及年月日工作计划（如表3-4所示）。

### 3.1.4.5 选择职业生涯路径

每个人在达成自己的职业目标时都存在不同的发展路径选择，比如同样以进入公司高层为职业目标的人，有的可能选择的是专业技术水平提升的路线，而有的可能选择的是行政管理方向的发展路线。即使同样的职业领域，也会因为分工出现多种不同岗位设置，而由于每个人的职业人格都存在差异，导致有的适合做管理，有的适合做专业研究，有的适合做自由度较高的工作，所以，人们在职业路径的选择上应慎重选择符合自身特质的发展方向，并沿着已选方向逐级爬升或深入发展，才能在意向职业领域积累经验和成就，最终实现职业志向。

具体来说，选择职业生涯路径时应把握4条原则："择己所爱、择己所能、择己所需、择己所利"，即思考以下几个问题：哪一种发展路径是自己向往的？哪一种发展路径是自己能掌控的？哪一种发展路径是自己现在急需的？哪一种发展路径是对自己有利的？在考虑清楚上述问题之后，应该就对自己适合哪一种职业发展道路有较为清晰的认知了。

表3-4　阶段性职业目标分解方案

| 目标分解 | | 规划方案参考提示 |
|---|---|---|
| | 人生目标 | ·你这一生想成为什么样的人？拥有怎样的生活？<br>·你这一生最想完成哪一件或几件大事？<br>·你想成为哪一领域的佼佼者？<br>·你想将自己哪一方面的优势或特长发挥到极致？ |
| | 十年计划 | ·十年之后你想成为什么样子？<br>·希望十年之后在事业上有什么成就？<br>·期望十年之后的收入状况达到多少？<br>·对十年后的家庭、个人生活以及社会地位的期待状态是怎样的？ |
| | 五年计划 | ·将十年计划进一步具体化至五年期的规划 |
| | 三年计划 | ·使五年计划更具体，制定出自己的行动准则 |
| | 明年计划 | ·制定实现明年计划的步骤、方法和每一个事件的完成期限，并确保这些计划均是切实可行的 |
| | 下月计划 | ·计划月度工作任务，标注对工作质量的要求<br>·制定月度财务收支预算<br>·制订月度学习计划、社交计划等 |
| | 下周计划 | ·在每个周末提前规划好下周的行动计划，并把月度计划中的内容分解一部分在下周完成 |
| | 明日计划 | ·将明日要做的事情进行列表，统筹规划完成的顺序和时间 |

### 3.1.4.6　选择具体职业

当把职业目标和大致发展路径确定之后，就可以进行具体的职业选择，即对某一选定具体领域的工作岗位类别进行比较、挑选和确定。职业选择是人们职业生活的正式开始，它是职业生涯规划的现实化和具象化。现实中的职业选择包括主动选择和被动选择，并不是每一个人都能选择到自己意向中的职业和岗位，因此，职业选择是个人的主观理想向客观现实妥协的过程，同样也是个人对自己前期规划的职业志向和目标进行调适的过程。

### 3.1.4.7　制订行动计划与措施

无论主动还是被动，在确定好具体职业之后，行动就成了关键环节。如果所选择的职业是符合自己前期职业规划目标的，那么就应当按照规划方案开始制定入职后的月度及年度规划；如果选择的职业不如预期，那么也应当开始采取行动，调整职业规划，计划应该在现有工作岗位上做些什么才能重回当初的职业目标，或是调整职业目标，配合现有工作岗位制定出新的目标。

### 3.1.4.8　评估与反馈

由于社会及工作环境的变化和其他不确定性因素的存在，前期的职业生涯规划与实际情况一定会出现相应的偏差，因此需要对职业生涯目标和生涯规划措施进行必要的调整。评估与反馈过程是个人对自己和社会工作不断认知的过程，是使职业生涯更加有效及现实化的手段。对职业生涯规划的评估与反馈主要包括职业的重新选择、职业路径重塑、人生目标的修正、实施措施与计划的变更等。

# 3.2　金融领域职业生涯规划的影响因素

## 3.2.1　金融行业宏观环境

在金融领域进行职业发展，无论在哪一个细分行业从事何种岗位，在进行职业规划时，都离不开对金融行业整体环境的分析。金融行业宏观环境的变化决定了金融业乃至与其息息相关的实体行业的发展趋势，而这些发展趋势又会进一步影响该领域就业人员的职业发展情况。所以，分析职业生涯规划影响因素，首先要从金融行业宏观环境现状及预测其变化趋势着手，把握就职领域的整体动态。

金融行业是经营金融产品和服务的特殊行业，它比其他行业具有更独特的行业地位和固有特点。独特地位在于它在国民经济中处于牵一发而动全身的地位，其发展好坏关系到整体经济发展和社会的稳定，具有优化资金配置和调节、反映、监督经济的作用；固有特点在于其具有指标性、垄断性、高风险性、效益依赖性和高负债经营性。这些独特性和固有特点使得各国政府都非常重视本国金融业的发展。对于我国来说，金融业虽然还处于尚未成熟的发展阶段，离发达国家的发展水平尚有较大差距，但在最近十几年的经济及市场体制改革中，我国金融业也以空前未有的速度和规模在成长，为就业创业提供了巨大的空间，同时金融行业内部细分也越来越完善，与互联网及科技的联系也日渐紧密，这也使得各类不同专业人士在金融圈的流动变得频繁，创造了更多的金融与其他领域交叉的职业发展机会。

金融及其相关专业的学生在本行业进行职业生涯规划时，都应具备对金融业宏观环境发展趋势的基本分析及预测能力，从而能帮助自己在金融领域寻找到符合行业趋势特征的职业发展途径；而对于已经在金融行业从业的学生而言，掌握金融行业宏观环境分析方法也能对自己的业务拓展、职业升迁及转换、专业敏感性的提升有着重要作用。表3-5提供了关于金融行业宏观环境对该领域职业生涯规划影响的基本分析框架。

表3-5　金融领域职业规划中的宏观环境分析框架

| 行业宏观环境因素 | 对职业生涯规划的影响 | 行业信息来源 |
|---|---|---|
| 金融行业政策与监管的导向 | 我国金融行业现今的政策和监管导向越来越重视行业发展的规范性和制度完善性，对于许多不规范的金融市场乱象的整治力度不断加强。因此，在进行职业规划时，应熟悉并顺应当前金融政策及行业治理的趋势，选择符合政策法规的领域就业，避免进入一些受政策打压的不规范领域 | |
| 金融市场劳动力的变化 | 对金融行业的劳动力市场供求状况和金融人才的行业内部流向有基本的了解，了解清楚哪些细分领域存在劳动力空缺、哪些出现了劳动力饱和、哪些领域需要劳动力升级，从而便于对自己的就业方向进行定位 | |
| 金融业传统领域的变革方向 | 无论细分行业怎样发展，金融业最重要的三大领域一直是银行业、证券基金业以及保险业，这三大领域吸纳的金融人才规模占比最大，三大行业之间也相互关联和相互影响。在进行职业规划时，应充分了解银行业、证券基金业以及保险业的近期新热点、业务趋势、职位供给情况等信息 | ·网络媒介：金融资讯类门户网站、交易所网站、金融投资类公众号等<br>·书籍杂志：诸如《经济学人》《哈佛商业评论》等金融经济类商业杂志；金融学术类期刊；三大证券报等<br>·视听资料：财经类电视频道、音频直播平台的财经类节目<br>·展览会：金融博览会、金融业招聘会<br>·职业人物：金融行业高端人士或行业标杆人物的访谈、讲座 |
| 金融各类细分领域的发展趋势 | 由于现今许多传统金融机构逐渐朝混业经营的方向发展，更注重复合型、多样化的人才，因此在进行规划时，应按照自己的专业擅长，随时关注各类金融细分领域的发展趋势<br>这些细分领域包括但不限于：<br>·股票市场<br>·债券市场<br>·信托市场<br>·金融衍生品市场<br>·财富管理市场<br>·金融租赁市场　发展趋势<br>·新三板市场<br>·外汇市场<br>·房地产金融<br>·绿色金融<br>·供应链金融 | |
| 金融科技与金融创新 | 金融科技是基于大数据、云计算、人工智能、区块链等一系列技术创新，全面应用于支付清算、借贷融资、财富管理、零售银行、保险、交易结算等六大金融领域，是金融业未来的主流趋势。在进行金融领域职业规划时，在基于传统金融领域就业的基础之上，应时刻关注金融科技及金融创新的应用趋势，以便于把握未来职业发展的新机会 | |

·71·

### 3.2.2 金融机构组织环境

个人职业生涯的发展归根结底需要依托组织环境的发展，并利用组织环境中各种要素为自己的职业发展进行谋划。判断一家企业的组织氛围到底如何，可以通过回答以下几个问题来进行分析：

（1）用人单位的声誉和形象是否良好？

（2）公司实力怎么样？

（3）公司在所属行业中的地位、现状和发展前景如何？

（4）公司业务所面临的市场状况如何？

（5）公司产品和服务在市场上的发展前景怎样？

（6）用人单位能够提供哪些工作岗位？这些岗位是否与自己专业对口或性格对路？

（7）公司是否能提供良好的培训及晋升机会？

（8）直属上司或公司领导人怎么样？

（9）公司的组织管理制度是怎样的？是否有效、先进？

（10）企业组织文化是否与自己的职业观吻合？

（11）薪金待遇是否能满足自己的生活发展需求？福利待遇是否完善？

按照 2010 年中国人民银行发布的《金融机构编码规范》的分类标准，我国的金融机构涵盖货币当局、监管当局、银行业存款类金融机构、银行业非存款类金融机构、证券业金融机构、保险业金融机构、交易结算类金融机构、金融控股公司以及新兴金融企业。不同性质的金融机构，其组织环境氛围是不一样的，能提供给个人的职业发展路径也有所差异。但无论在哪一种类的金融机构就业，在分析职业生涯发展的组织环境因素时，其分析核心都主要体现在对金融机构的组织特性、组织制度、组织文化、组织决策者这四方面对个人职业生涯规划的影响上。

#### 3.2.2.1 组织特性

相较于其他实体类企业，金融机构的组织特性特别突出，因为它在经营对象、经营关系、经营原则、经营风险等方面都有着特殊性。除了货币当局、监管当局、交易及结算类金融机构以外，其他大部分金融机构虽然类别不同，但其本质都属于以经营货币和金融产品与服务为主要对象的营利性组织，其组织内部岗位分工都围绕着资本管理运作、金融产品设计开发、金融业务风险控制、金融服务营销而进行。

在制定个人职业规划时，首先要明确意向就职的金融机构的组织特性是否能为自己提供所需的职业发展空间；其次思考自己想要在哪一种类型的金融岗位中获得长期发展，或是最终希望在哪一种部门岗位中任职；再次，需要了解这个意向岗位在该金融机构中属于何种组织层级，是否需要在其他岗位上积累经验后才能获得进入的机会；最后再根据任职金融机构的组织特性和自己的层级水平，对未来的发展路径进行具体规划。

### 3.2.2.2　组织制度

组织制度体系是任何一个企业单位得以有序发展的基本保障，是员工在组织内实现公平、稳定发展的重要保障。不同类别或同类别不同规模的金融机构都存在组织制度上的差别，主要体现在管理制度、用人制度、培训制度、薪酬制度方面的差异，这些制度组合在一起便决定了员工在该组织中的职业发展路径。在职业发展中，要尽可能获取意向金融机构在组织制度上的安排方式，学会分析这种安排对自己的未来可能带来什么影响，从而调整规划、适应或更换组织环境以获得更好的发展。在考虑组织制度对职业规划的影响时，可参考表3-6的分析框架。

表3-6　金融领域职业规划中的组织制度分析框架

| 组织制度 | 对职业生涯规划的影响 |
| --- | --- |
| 管理制度 | ·主要关注应聘岗位属于固定时间工作制还是偏弹性的工作制，比如银行业大部分岗位都较为固定,而证券期货和保险的营销类岗位相较于银行更具弹性。根据工作制度的弹性大小，对工作进行规划，充分利用管理制度中的自由度区间，提升自己的专业技能和业务技能，而不是让自己处于从业空闲状态或随波逐流状态；<br>·对于一些新兴金融机构，需要了解清楚公司所经营的金融类业务运作方式是否符合市场法规和监管，若出现权责问题该如何解决 |
| 用人制度 | ·在上岗就业前，认真审查所要签署的劳动合同是否完善、合法，特别是一些小微金融企业，其用人制度可能存在一些不规范性，要即时了解清楚这些用人制度风险是不是自己能承担的、是否会影响自己的职业生涯规划；<br>·了解清楚金融机构业务是否存在，询问清楚金融企业是否会为新人提供入职培训，或是为老员工提供持续培训的机会；<br>·获取职位升迁途径，了解清楚职位提升的主要因素是基于专业资质还是业绩能力或是单纯的工作年限，询问清楚组织内部是否存在跨部门跨岗位跨地区的内部招聘制度 |
| 薪酬制度 | ·在不同金融机构之间对比薪酬和福利待遇的差异，以及导致差异的原因；<br>·了解个人待遇提升的空间有多大，评估自己的能力是否能在计划时间内达到待遇提升的标准，并且能持续维持该薪酬标准的业绩；<br>·公司是否存在薪酬激励制度，激励制度是否合理且符合同行标准，再根据激励制度规划和制定具体的工作目标 |

### 3.2.2.3　组织文化

金融机构作为企业，是现代社会的经济细胞，其企业文化有着一般行业的普遍特点，但因为其经营货币和金融产品的特殊性，故此又有着其自身的特点。在金融机构经营和发展过程中，企业表现出的精神文化、价值观念和金融精神是金融机构企业文化的根本，在金融业的发展过程中有着重要的作用。一种优秀的金融企业文化，应该是由公司倡导，以全体员工的根本意识为基础，在经营、管理的整个实践过程中实现，并通过集体共同营造、认同、接受并自觉遵守而形成的企业愿景、企业使命、价值观、经营理念、企业道德等意识形态的总和。金融机构的风气和企业精神、对金融业良好形象的维护、保持规范化经营、对金融法规的遵循并能较好地对投资者传播正确的理财及投资观等内容都属于金融企业文化范畴。因此，在职业发展时应选择具有正确的金融执业观且其企业文化符合自己的职业人格特点以及拥有令自己觉得舒适的团队组织氛围的金融单位，这些都是能激励员工坚持为公司长期工作的重要因素。

#### 3.2.2.4  组织决策者

金融企业的总决策者以及各分支部门决策者的抱负及能力都是决定该企业在短期和长期如何有效发展业务以及提升业务水平的决定性因素，也与员工的职业发展前途密切相关。在考虑组织决策者对个人职业生涯规划的影响时，可参考分析以下要点：

(1) 决策者的职业精神与职业态度；

(2) 决策者自身的职业背景、业务能力和金融专业水平；

(3) 决策者的管理理念与管理方法；

(4) 决策者的战略眼光和发展措施；

(5) 决策者的人品特质和个人魅力；

(6) 决策者的社会形象和公众评价（包括员工评价与客户评价）。

### 3.2.3  专业背景与工作经验

在教材 2.2.3 章节提到金融行业的特征之一在于它被普遍认为是所有行业中平均学历最高的行业，由此可见，专业教育背景在金融业职业生涯中的重要性。当然，根据细分行业和领域的不同以及岗位层级的不同，专业背景对职业规划的影响也有所不同，并且金融行业内部的岗位层级越高，除了对专业背景有所要求以外，还十分看重相关领域的工作经验。因此，就业者要了解所处金融细分行业对专业背景和前期工作经验的要求，再根据自己的实际情况提升自己的专业水平、在细分领域的广度或深度上定向积累工作经验，从而辅助自己更好地达到相应的职业目标。表 3-7 主要介绍了当今金融业几大热门业务领域对就业者专业背景和工作经验的要求，可为有意向在下列相关金融领域发展的学生的职业生涯规划提供参考。

表 3-7　金融业务领域对专业背景及工作经验的要求

| 金融业务领域 | 所需专业背景及相关工作经验 |
|---|---|
| 一级市场业务 | ·在一级（发行）市场业务领域上，中大型金融机构在其金融投资、财务分析专业方向的人才储备已经非常丰富，因此对金融专业背景的人才需求并不高，其需求主要集中在拥有深厚产业背景的复合型人才上，特别是时下热门的新经济领域，像 TMT 中的 AI、云计算、区块链，医药行业中的生物工程等；<br>·中小型金融机构除了对复合型人才的需求外，对具有单体过亿项目投资经验的职业人选也比较看重，即更重视人才的实际资本运作经验 |
| 二级市场业务 | ·二级市场业务领域一直对股票及债券交易经验超过 10 年以上的高级人才有稳定需求；<br>·传统大型公募、资管机构的需求主要以填补空缺为主，在较为平淡的市场环境下，大型机构对投资经理专业水平的研判标准会聚焦在牛市和熊市阶段的投资业绩上；<br>·中小型私募机构同样对经验丰富的投研人员有较大需求，除此之外，对中后台的高级人才，例如品牌建设、IT 相关专业人才也有很强烈的需求 |
| 投行业务 | ·近几年的证券行业新规抬高了投行业的门槛，对中小券商的冲击较大，因此新成立不久的券商或新申请投行牌照的券商对成建制变动的股权业务专业团队的需求量大增；<br>·传统投行业务方面，无论是 IPO 还是再融资，项目审核条件会越来越严苛，对从业者专业能力提出了更高要求，以至于 CPA 和律师职业资格证在该业务领域仅仅是最基本的条件，投行领域更青睐有完整、成功项目经验的人选；<br>·我国如今的投行业务已延伸至覆盖企业成长路径的财务顾问、IPO、融资、并购、产业整合、资产证券化等综合服务，因此对拥有并购重组、可转债、可交换债等相关专业背景和工作经验的候选人需求旺盛；<br>·在监管趋严的行业环境下，券商更加注重项目质量，因此对质量管理、风险控制方面的专业人才的需求大增，投行内部也频频任命内部审核出身的候选人走上高管岗位 |
| 券商经纪业务 | ·具备前瞻性的"互联网金融思维"已经成了经纪业务领域高级人才的必备核心能力之一；<br>·由于财富管理日渐成为券商大力发展的方向，各家机构纷纷加大了其财富管理中心的规模，因此，熟悉企业融资业务相关产品、集合理财产品，以及拥有高净值客户服务体系相关工作经验的人才备受关注；<br>·经纪业务中后台方向的人才需求主要集中在基金托管牌照陆续放开所带动的，拥有估值核算、清算、投资监督等专业背景的人才需求上 |
| 金融市场研究 | ·伴随着资管规模的增大，以及投资者结构的不断变化，各类资管机构对 A 股以及海外研究的需求仍然保持增长态势；<br>·越来越多的买方研究机构不断扩充自主研究团队的实力，而研究转投资的职业发展轨迹对卖方研究员群体保持强烈吸引力；<br>·主流卖方研究持续在研究"深度"上发力，围绕"新财富"加大团队的搭建和人员规模的维持，以稳定在排行榜上的地位，这一现状使新财富上榜的研究员依旧抢手，此外教育及工作背景优秀的宏观研究、量化、FOF 研究专业人才也很受青睐 |

表3-7(续)

| 金融业务领域 | 所需专业背景及相关工作经验 |
| --- | --- |
| 产业金融相关业务 | ·在产融一体化的大趋势下，在产业金融领域，出现了更多以"金融"为核心的发展诉求，诸如洞悉经济政策、扩充融资渠道、并购做大主营业务、投资产业链抢占制高点等，因此传统金融人才在产业金融领域中逐渐受到重用；<br>·在产业金融相关业务领域，具备宏观经济学、结构化融资、投资并购专业背景的高级金融人才将持续受到产业资本的青睐，并可能得到比在传统金融机构就业更高的薪酬溢价 |
| 互联网金融相关业务 | ·相较于传统金融业务领域，互联网金融更重视营销与推广，重视产品体验和金融科技，会成为具备金融IT、大数据、区块链、量化分析等专业背景的人才的重要选择 |
| 银行资管业务 | ·在银行资产管理业务范畴，由于近年来监管日趋严厉，要求规范发展，在同业总资产规模整体被压缩的背景下，对具有传统银行同业业务背景人才的需求总量大幅萎缩；<br>·在银行资管新规出台之后，该业务领域会更加主动地参与大类资产配置，从而带动了对具有权益类投资与研究以及产品研发方向专业背景的高级人才的需求；<br>·在投资银行方向，对于具有ABS承揽、承做经验的专业人才依旧有较强的需求 |
| 银行零售业务 | ·在"新零售"思维的大潮下，更多的创新应用会应运而生，银行零售业务开发对于拥有金融科技相关的产品设计、数据分析、风险控制专业背景的高级人才需求在进一步加剧；<br>·由于个人多元化金融服务需求日益增加，消费金融市场潜力巨大，与之相关的市场营销、金融产品设计专业背景的人才得到更多关注；<br>·另外，拥有一定客户资源、并且能够谙熟个性化和专业化服务之道的营销专业人才一直是银行零售业务的需求重点 |

## 3.2.4　个人职业素质

　　一个人的职业生涯发展虽然会受行业环境、企业组织环境、专业背景及工作经验的影响，但归根结底最重要的影响因素来自个体自身因素即个人素质，个人素质的高低从某种程度上决定了个人职业上的竞争实力和发展潜力。一个各方面素质都较高的人才在任何客观环境下，都能发挥其主观能动性，规划自我发展路径，改变客观条件的局限性，合理利用一切可利用资源为自己想要的职业目标服务。个人职业素质所包含的内容如图3-2所示。

### 3.2.4.1　能力素质

　　一个人在职场中的能力体现可以是多方面的，包含了这个人的智力因素、特殊能力、职业能力与专业知识和技能。其中智力因素（IQ）主要是指个体认识客观事物并运用知识解决实际问题的能力，它包含一个人所具备的感知力、记忆力、思维力、想象力和社会智力。特殊能力主要是指个体在言语表

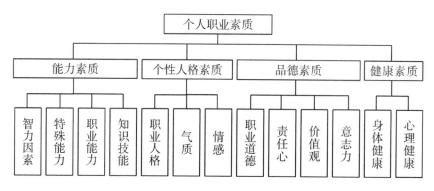

图 3-2　个人职业素质的构成

达、数学计算、空间感觉、形体感觉、文书事务、动作协调、手指灵活性、五官肢体配合度、辨色等方面较为突出的能力水平，这些能力虽无关于智力和职业能力，却能有效地和其他能力素质结合，使个人的整体能力得以提升或有所偏向。职业能力方面主要强调的是一个人在特定的职业活动领域或情景中所展现出来的，能完成一定职业任务的能力，它需要智力、特殊能力与职业领域相关的专业知识水平的有机结合才能体现。最后，知识技能主要体现的是人们头脑中所记忆的经验和理论以及从事活动的某种动作能力，其中，知识因素包含了个体所具备的一般性知识或普通常识、专业理论知识以及工作经验与职业操作知识，而技能因素包含一个人从事某项劳动或业务的熟练程度。

### 3.2.2.2　个性人格素质

个性人格素质主要包括职业人格、气质因素和情感因素三项。其中关于职业人格，教材在模块一中有较为详细的讲解（具体参考教材 1.1 与 1.2 章节的内容）。气质因素方面，现代心理学将气质定义为表现在人的心理活动和行为动力方面的具有稳定性的个人特点，这种特点不因为个人所从事的活动的目的、动机和内容而受到影响，也不会因为其所从事的职业不同而有所改变。职业心理学把人的职业气质大致分为变化型、重复型、服从型、独立型、协作型、劝服型、机智型、经验决策型、事实决策型、自我表现型、严谨型11 种。情感因素方面，在个性人格素质中主要体现为情商（EQ）的部分，包括人们对自身情绪的体察和控制、对他人情绪的认识、对人际关系的把控以及对自身的要求和激励等。值得注意的是，情商和智商两大因素相辅相成，缺少其中之一或者偏重其中一项的发展，都不利于综合素质整体性的提升。

### 3.2.4.3　品德素质

在我国金融业高速发展的过程中，虽然整体金融市场日渐发达、金融产品日渐丰富、其在国际上的重要程度和影响力也逐渐与发达国家相比拟，但在金融市场及行业的法制法规建设、职业道德约束、信用体系建设上与发达国家金融领域还有很大的差距。其中，最大的问题便体现在金融职业人的品德素质上。在行业快速膨胀的过程中，人和资本的趋利性占据了主导地位，致使很多金融乱象频繁出现，扰乱金融市场秩序并为市场的稳定性带来较多的风险。因此在职业人的品德素质塑造上，最重要的便是职业道德。在金融行业，由于大部分业务涉及客户财产隐私、商业机密、资本运作风险等敏感内容，因此金融类职业更应严格遵守行业道德规范和准则。一个经济主体是否模范遵守金融道德是衡量其发展成熟状况及文明程度的重要标志。不同金融细分行业对职业道德有不同的法规要求及行业准则，但一些最基本的金融道德规范是整个行业从业人员应恪守的职业道德底线，比如严守信用、公平竞争、以义谋利等。

除了职业道德以外，责任心、价值观以及意志力也是体现个人品德素质的重要因素。在职业岗位上，责任心的大小能体现敬业精神的高低以及工作的认真程度，是一个成功的职业生涯所必备的要素；价值观主要体现在个体的基本价值观和职业价值观两方面，前者是人们对社会事物的根本看法和基本态度，而后者主要是指人们在职业、就业、工作、劳动上的具体观念、想法和价值判断标准；最后，意志力主要是指人们为达到既定目的而自觉努力的程度或坚强的意志品质，是在社会实践和职业活动中逐渐培养锻炼出来的。在职业生涯规划中，意志力的高低决定了个体对职业阶段性及最终目标的坚持情况，是最终实现初期职业目标的必备因素之一。

### 3.2.4.4 健康素质

由于职业竞争压力越来越大，金融行业又是众多行业中压力因素最多的行业之一，因此，在金融职业生涯的追求过程中，健康也是现代金融职业人关注的重点。健康素质同时包含身体健康和心理健康。身体健康主要体现在人体生理各项机能运作情况方面，而加班、熬夜、饮食不规律、焦虑等各种因素都会在一定程度上影响人体生理机能的正常运作，这些也是导致职业疾病突发的原因。如果一个人因过于专注于职业发展而忽视身体健康，则最终会因为亚健康或疾病状态而减慢或中断职业生涯发展。同时，心理健康因素也同等重要。一个良好的心态能辅助提高职业抗压能力，在金融投资圈这种具备持续高压的职业领域，保持良好的压力调节能力，对投资研判、交易安排、业务洽谈等职业活动的客观性、精确性及有效性都具有较大帮助。

# 3.3 金融领域职业生涯的目标与决策

## 3.3.1 职业目标的设定与调整

职业目标是个人在选定的职业领域内的未来时点上期望要达到的具体目标，包括短期目标、中期目标和长期目标。只有为自己的职业生涯设定了合理的目标，才能按照目标对个人职业生涯发展进行阶段性规划，同时，在就职的过程中，在某一个或某几个岗位上的短期或长期职业体验和经验及专业能力积累一定会对初期的职业理想产生影响，也会使个人对自己的职业发展认识发生改变，以至于让人对最初的职业目标进行相应调整。

### 3.3.1.1 职业目标的构成

美国著名职业指导专家以及职业锚理论的创立者施恩教授在其研究中把人的职业生涯分为外生涯和内生涯两个部分。外生涯是从事一种职业时的职务目标、工作内容、工作环境、经济收入、工作时间、工作地点等因素的组合及其变化过程，而内生涯是指从事一种职业时的知识、观念、能力、经验、成果、心理素质以及内心感觉等因素的组合及其变化过程。外生涯的发展是内生涯发展的外在表现形式，以内生涯的发展为前提和基础，没有内生涯的发展作为支撑，外生涯就成了无源之水。但仅有内生涯的发展，而没有外生涯的发展，也说明当事人没有很好地实现内生涯向外生涯的转换，这样的内生涯发展也是没有多少意义的，不会得到社会承认。反之，如果外生涯发展顺利，则能为自己的内生涯发展提供成功的反馈和进一步发展的外部资源支持。因此，在探讨职业目标时，也可以按照内外职业生涯目标的划分方式来分解目标（如图3-3所示）。

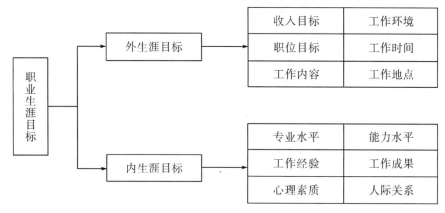

图 3-3 职业目标的构成

### 3.3.1.2 职业目标的选择与设定

在设定具体的职业目标之前，首先需要思考并选择适合自己的职业发展路线。不同的发展路线对从业者的职业素质要求不同，也会影响其最终目标的达成，所以在选择目标阶段要有清晰的思路，不能盲目随大流或根据难易程度进行选择。对于初次进入金融领域的应届毕业生来说，很难直接涉及高端职位，几乎都是从基层做起，因此在选择基层职业目标时，要考虑基层职业的前景所对应的发展路线有哪些，是否适合自己或是否自己力所能及的。归纳起来，需要考虑如下三个问题：

（1）希望向哪些职业路线发展。主要根据自己的成就感来源和初期进入职业领域的兴趣目标，按照偏好主次顺序，罗列出自己期待的职业路线。对于金融行业来说，无论任何细分行业，都存在几条最基本的职业发展途径，即金融营销管理型路线、金融研究及产品研发型路线、市场交易及资本运作管理型路线、金融企业后台及行政管理型路线。

（2）适合往哪些职业路线发展。根据自己的能力素质和个性人格素质（参考图3-2），考虑自己的性格、经历、特长、学历、家庭、关系资源等客观条件对职业路线选择的影响，确定自己的职业能力取向。

（3）能够朝哪些职业路线发展。主要考虑自己所处的社会环境、经济文化环境、政治环境、行业环境、人才市场供需环境以及招聘需求和意向企业的组织环境等，确立自己的机会取向，即思考客观环境是否允许自己选择意向的职业发展路线，或所选路线是否存在切合职业目标的发展机会。

在对职业发展路线和目标有了一定筛选之后，便可进行对比分析，从众多潜在职业目标中选择最具有可行性的一项采取行动，并考虑达成目标的时间因素，即将目标按时间远近进行分解，设定短期、中期、长期职业目标（如表3-8所示）。

表3-8　职业目标的设定

| 职业目标的分解 | 目标内容设定 |
| --- | --- |
| 短期职业目标 | ·目标表述清晰、明确、精炼；<br>·目标对于本人具有意义，与自我价值观和中长期目标一致，有可能暂时不能完全满足自己的兴趣要求，但可"以迂为直"；<br>·目标切合实际，并非幻想；<br>·有明确的具体完成时间；<br>·有明确的努力方向，通过努力能达到适合环境需要的能力，实现起来完全有把握 |

表3-8(续)

| 职业目标的分解 | 目标内容设定 |
|---|---|
| 中期职业目标 | ·目标是结合自己的志愿、就业单位组织的环境及要求制定的，与长期目标相一致；<br>·目标基本符合自己的兴趣、价值观，使人充满信心，且愿意公之于众；<br>·目标切合实际，并且未来的发展有所创新，有一定的挑战性；<br>·目标能用明确的语言进行定量与定性说明；<br>·目标有比较明确的执行时间，且能根据外部环境变化做适当的调整；<br>·目标可以发挥自己的能动性，实现的可能性非常大 |
| 长期职业目标 | ·目标表述可以是概括性、方向性的，不要求非常精细明确；<br>·目标是自己认真选择的，和企业、行业及社会的发展需求相结合；<br>·目标很符合自己的兴趣、价值观，能为自己的选择感到骄傲；<br>·有实现的可能，并有更大的挑战性；<br>·目标与志向吻合，能够通过努力实现理想；<br>·目标与人生目标（个人及家庭生活目标）相融为一，指导自己为创造美好未来坚持不懈 |

[资料来源] 笔者根据职业生涯目标的百度百科词条内容整理归纳而得（baike. baidu. com）。

### 3.3.1.3 职业体验与反馈

当一个人进入职业领域后，从实习到试用再到成为正式员工，这个短期过程的职业经历是最容易使职场新人对初期职业目标产生怀疑和动摇的，这时，切忌人云亦云，需要静下心来，仔细分析自己所处的主客观环境和所遭遇的职业挑战是不是自己能通过努力和自我改造而适应和克服的，再根据反馈结果评估是需要重新进行职业选择，还是继续坚持初衷；而当一个人经历了十年以上的职业生涯实践，有了相当丰富的职业阅历，对自己的能力、价值观有了充分的自省之后，便会对自己所从事的职业产生一种心理认同，这种在心理上的认同才会使得人们真正愿意终身定位在该职业岗位或业务领域中。

在金融领域，大部分业务以及职业话题都离不开对金钱的探讨，这是一个与货币资本进行直接接触的职业领域，也是一个充斥着一夜暴富、一夜返贫等各种可能性的领域。这种逐利性十分明显的行业较其他领域更容易使人心态浮躁，因此，在金融领域的职业发展中，应学会职业总结与反思（参考表3-9的职业体验及反馈），对阶段性的职业工作经验进行总结，思考并评价自己在金融工作中的得失，在浮躁的外围环境中学会自我沉淀和积累，看清行业和自我职业发展的真实趋势，才能真正把控自己的职业道路。

模块三　金融领域职业生涯规划

表 3-9　金融领域职业体验与反馈

| | 职业经验总结 | 具体工作体验与反馈 |
|---|---|---|
| ① | 谦逊、善良与同理心是解决职场人际问题的重要能力。 | 金融领域的工作除了对于货币及金融产品的接触和运作以外，最多的环节便是处理各行各业人际关系，包括对内的同事及领导，对外的客户及商业合作对象等。新人往往通过效仿学会行业内的各种为人技巧，但工作长久之后，会发现具备谦逊、善良与同理心这几项品质胜过各种技巧、套路和所谓情商。遇事时，不要急于为自己据理力争，而是认真聆听他人的批评或诉求，克制情绪，充分了解问题的实质，并以最大的善意去对待他人，才能避免冲突并解决问题，使他人对自己的态度发生改变 |
| ② | 做业务时，用交朋友的心态取代单纯拓展人脉网及获取客户的意图。 | 金融圈是一个对人脉关系依赖较重的职业圈，因为人脉网络的背后隐藏的是金融投资所需的各种资本渠道，因此人脉拓展与人际关系维系是金融职业领域的必修任务。人脉网更多的是关注自己能得到什么，并且自己能给出些什么作为回报。这样的互惠共赢关系适合正式商业合作洽谈，但在拓展潜在人脉关系网时，会显得过于功利，不适合长期经营和维护潜在人脉资源 |
| ③ | 大多数金融从业者对本职业务以外的专业内容知之甚少，要在未知面前保持求知欲和探寻本质的分析能力。 | 金融领域涉猎广泛、资讯丰富、创新频繁，但该行业很多创新都离不开金融运作的本质，因此在对待行业新事物、新业务、新信息时，要学会透过现象看清本质，学会剥离事物的繁杂表象，分析问题的核心 |
| ④ | 要学会在公众或重要人物面前演讲、发言及提出建议等口头表达技巧。 | 如果想在职业上有所发展，除了勤奋、踏实、埋头苦干以外，还需要让组织内部及外部的相关人士发现你身上的闪光点，而当众演讲和发言是一种基本的沟通形式，掌握当众表达技巧能够让人恰当地传达自己的想法和愿景，提出令人信服、产生共鸣的意见或建议，在公开场所适当地展现自己 |
| ⑤ | 人们对于同一个岗位无法永远保持新人的工作干劲，需要适当做出职业改变。 | 初次进入金融行业，会感觉自己充满能量，会想到各种创新性策略，通过不同的方式来获取客户或进行产品及业务创新。但几年之后，同岗位工作的内容重复性和业务瓶颈会让人变得消极，这时可以考虑适当做出一些职业转变，寻找岗位转换的机会 |
| ⑥ | 当任职企业存在内部或外部的负面消息时，要学会处理并消化对个人工作的负面影响。 | 无论是大型金融机构还是中小微金融机构，都随时可能面临负面消息的传播，可能是内部问题也可能是外部环境的冲击，这时要学会分辨消息的真实性，自行分析该消息对自身工作及单位组织的影响并采取解决措施，不要单纯地成为消息的传播者，跟随大众随意散播却不进行处理 |

表3-9(续)

|  | 职业经验总结 | 具体工作体验与反馈 |
|---|---|---|
| ⑦ | 一个人的职业生涯不可能随时都处于巅峰状态,要学会应对事业平淡期和低谷期。 | 每一个人都有可能在一段时间里实现职业生涯突飞猛进式的发展,比如几次成功的投资或交易、客户资源的极速提升、业绩的快速增长、公司内部的优秀表彰、理想职位的晋升机会等,但想要日常维持这些东西却几乎是不可能的。职业生涯的大部分时间里可能都是保持重复的工作常态,或是可能进入业务瓶颈与低谷,这时,便需要调整心态,不要将自己锚定在曾经的某一次成功经验里 |
| ⑧ | 职业变化不可避免,要勇于迎接变化及承受变化带来的结果。 | 金融市场瞬息万变,充满不确定性,任何细分行业和公司都可能随时会被新科技颠覆、被政策法规限制、被强大的竞争者吞并,或是因为业务结构和市场景气度的改变面临裁员,这时候可能会导致人们原先对所在组织的职业规划发生根本性变化,因此,要在变化来临之前做好应对未来任何不确定性的准备 |

#### 3.3.1.4　目标调整与职业再选择

当从业多年、有了充分的职业经验以后,人们往往会根据职业反馈进一步调整职业生涯目标,从而进行职业再选择,以适应自己在职场中最终形成的稳定的职业观。这一环节包含重新进行自我评价、对自己终身职业目标的确定、对职业再选择的风险和影响进行评估、为新决策进行准备、最后为新选择的职业方向重新规划发展路径。当人们面对职业再选择及重新制定职业目标时,实际上便回到了职业生涯规划的第一步(如图3-1所示),让职业规划的所有步骤形成一个闭合的环,从而使人们的职业生涯在这个闭环中循环发展、不断提高。

### 3.3.2　职业生涯决策方法及其应用

职业生涯决策是个人根据各种条件,并经过一系列活动以后,进行的目标决定,以及为实现目标而制定优选的个人行动方案。职业决策也涉及职业目标的选择,但与之前章节所提及的职业目标不一样的地方在于,职业目标是一种选择结果,而职业决策是一个复杂的认知过程,通过此过程,决策者组织有关自我和职业环境的信息,仔细考虑各种可供选择的职业前景,做出职业行为的公开承诺。由于个体性格以及后天学习经验的不同,人们的决策风格不尽相同,一般可将职业决策风格大致归类为理智型、直觉型、依赖型、回避型和自发型五种类型。很多应届毕业生在毕业季对自己未来职业做出决策时,更多地倾向于自发地、依赖直觉或简单地根据他人建议或安排做出就业决策,快速开启职业生涯,而缺乏对自己的职业生涯进行周全的、深思熟虑的理性思考。所以本章节主要介绍两种较为实用的理智型职业生涯决策方法，强调综合全面地收集职业信息，理智地思考和冷静地分析判断，目的在于使就业者养成一种良好的思考习惯。

### 3.3.2.1 SWOT 分析法及其应用

SWOT 分析方法对于经管类专业的人士来说，是一种常用的分析工具，常被用于企业战略规划和竞争对手分析等领域。所谓 SWOT，即将与研究对象密切相关的各种内部主要优势（Strength）、劣势（Weakness）和外部的机会（Opportunity）、威胁（Threat），通过调查列举出来，并按照矩阵形式排列，然后用系统分析的思想，把各种因素相互匹配起来加以分析，从中得出一系列相应的具有一定决策作用的结论。

在个体职业生涯决策的应用上，SWOT 分析法可以用来检查个体的技能、能力、喜好和职业偏好，分析个体的优点和弱点，评估出个体感兴趣或有意向的职业道路的机会和威胁。使用 SWOT 矩阵（如表 3-10 所示），可以清楚地观测自己的竞争力和发展机会，也能对自己的劣势和面对的外在威胁一目了然，从而制定出尽可能恰当的职业生涯目标，为进一步的职业生涯规划提供良好的现实依据。

**表 3-10　职业生涯决策 SWOT 矩阵**

| | 优势<br>（个体可控并可利用<br>的内在积极因素） | 劣势<br>（个体可控并努力改善<br>的内在消极因素） |
|---|---|---|
| 内部因素 | ·教育背景<br>·工作经验/实习经验/校园活动经验<br>·丰富扎实的专业知识和技能<br>·特殊技巧（沟通能力、团队合作能力、领导能力等）<br>·有利于职业发展的人格特质（诸如职业道德、自我约束力、工作承压能力、创造性、乐观、热情等）<br>·广泛的个人关系网络<br>·在专业组织中的影响力 | ·学习成绩差/专业不对口/学校名气不够<br>·缺乏工作/实习/校园活动经验<br>·缺乏专业知识<br>·既缺乏目标，且对自我和工作的认识都十分不足<br>·领导能力、人际交往能力、沟通能力、团队合作能力较差<br>·较差的寻找工作的能力<br>·负面的人格特征（缺乏自律、缺少工作动机、懒惰、过于害羞、情绪化等） |
| | 机会<br>（个体不可控但可利用<br>的外部积极因素） | 威胁<br>（个体不可控但可弱化<br>的外部消极因素） |
| 外部因素 | ·就业机会增加<br>·再教育的机会（研究生/留学/专业培训）<br>·专业领域出现人才缺口<br>·晋升机会<br>·专业或行业发展带来的机会<br>·地理位置优势<br>·与职业相关的人脉关系网络 | ·就业机会减少<br>·同专业毕业生过多，造成就业压力大和竞争激烈<br>·竞争者技能、经验、知识丰富<br>·名校毕业的竞争者较多<br>·缺少培训、再教育造成职业发展障碍<br>·专业领域发展有限<br>·工作晋升机会有限或竞争激烈 |

［资料来源］张兵仿. 大学生职业生涯规划［M］. 北京：时事出版社，2016.

在对自己的职业生涯决策进行 SWOT 分析时，应尽量避免过度的谦虚和过度的自我理想化，要做到客观面对自己的优点与不足，才能发挥 SWOT 分析的科学性。但由于 SWOT 分析法本身是一种基于某个时间点的静态分析法，个体通常依据已经存在的现实形态和观点来分析自我和周围环境，很少考虑到未来环境变化所带来的可能性机会和危险，所以这种分析方式容易导致人们在做职业生涯决策时忽略新的可能性。

### 3.3.2.2　决策平衡单法及其应用

决策平衡单法是一种将决策思考方向集中在自我物质得失、他人物质得失、自我精神得失、他人精神得失四个方面，对不同决策目标进行得失衡量的方法。在职业生涯决策中使用决策平衡单时，首先需要罗列出自己最想做的三种工作或具体职业；然后列出与自己及他人相关的所有重要考虑因素，并按其重要程度赋予权重；最后，将这些考虑因素作为评判职业选择的条件，逐项对所有选择进行加权计分，按总得分的高低，筛选出对自己最有利的职业生涯决策。

表 3-11 是一张职业生涯决策平衡单参考样表，表中将个人可用于职业生涯决策的考虑因素纵向罗列，将个人最中意的三项职业选择横向排列，然后按以下步骤进行计分，权衡三项职业选择对自己的得失影响。

**表 3-11　职业生涯决策平衡单参考样表**

| 评价项目 | | 权重<br>(1～5 倍) | 职业选择<br>银行大堂经理 | | 职业选择<br>券商投资顾问 | | 职业选择<br>保险代理员 | |
|---|---|---|---|---|---|---|---|---|
| 类别 | 具体考虑因素 | | 得 (+) | 失 (−) | 得 (+) | 失 (−) | 得 (+) | 失 (−) |
| 个人物质方面的得失 | □ 收入 | 5 | | | +3 | | | |
| | □ 工作的难易程度 | 2 | | | | −2 | | |
| | □ 职业升迁机会 | | | | | | | |
| | □ 工作环境 | 2 | | | +4 | | | |
| | □ 休闲时间 | | | | | | | |
| | □ 生活变化 | | | | | | | |
| | □ 对健康的影响 | | | | | | | |
| | □ 专业提升空间 | 1 | | | +4 | | | |
| | □ 其他_____ | | | | | | | |
| 他人物质方面的得失 | □ 家庭经济状况 | | | | | | | |
| | □ 家庭地位 | | | | | | | |
| | □ 与家人相处时间 | 3 | | | +2 | | | |
| | □ 其他_____ | | | | | | | |

表3-11(续)

| 评价项目 | | 权重 | 职业选择 | | 职业选择 | | 职业选择 | |
|---|---|---|---|---|---|---|---|---|
| 类别 | 具体考虑因素 | (1~5 倍) | 银行大堂经理 | | 券商投资顾问 | | 保险代理员 | |
| | | | 得(+) | 失(-) | 得(+) | 失(-) | 得(+) | 失(-) |
| 个人精神方面的得失 | □ 生活方式的改变 | | | | | | | |
| | □ 成就感 | 3 | | | +3 | | | |
| | □ 自我实现程度 | | | | | | | |
| | □ 兴趣的满足 | 1 | | | | -2 | | |
| | □ 挑战性 | | | | | | | |
| | □ 社会声望的提高 | | | | | | | |
| | □ 其他_____ | | | | | | | |
| 他人精神方面的得失 | □ 父母的想法 | 2 | | | +1 | | | |
| | □ 配偶的想法 | 3 | | | | -1 | | |
| | □ 朋友、同学的想法 | 1 | | | +3 | | | |
| | □ 子女的想法 | | | | | | | |
| | □ 其他_____ | | | | | | | |
| 加权后合计 | | | | | 47 | -9 | | |
| 加权后的得失差 | | | | | 38 | | | |

[资料来源] 张兵仿. 大学生职业生涯规划 [M]. 北京：时事出版社，2016.

（1）为各项职业选择的利弊得失进行打分。在平衡单中的左纵列，按样表中的四个方面罗列自己对未来职业与生活的考虑因素，然后逐一检视各个职业选择项对这些因素带来的利弊情况，并以"+5"至"-5"的11点量表（即+5、+4、+3、+2、+1、0、-1、-2、-3、-4、-5）来衡量这些利弊得失情况。例如样表中的第二个职业选择是券商投资顾问，这个职业是非常有利于"专业提升空间"这一考虑因素的，那么就在对应得分栏，按自己对有利程度的估计计"+4"分。

（2）为各项考虑因素进行加权计分。对于自己所罗列的各项考虑因素，由于所处环境不同，不同因素对自己的影响程度或重要程度是不一样的。因此，需要根据自身情况，对每一项考虑因素予以一个1~5倍的权重分数，最重要的可计5倍权重，其次的按对自己的重要程度依次递减。例如在样表中，"收入"这一项因素是自己在职业生涯决策时最关注的要素，则在其对应的权重计分栏里，计"5"倍权重，而"朋友、同学的想法"这一要素对自己而言无关轻重，则在其对应权重积分栏里，计"1"倍权重。

（3）计算各职业选择项加权后的得失分数。当按上述步骤把每个职业选项所对应因素的得失分和权重分打完后，将每栏分数乘以权重，再按纵列进行累加，得出每项职业选择所有得分和失分的加权后合计分数。例如样表中，对于职业选择的失分栏有三处评分，则将三项评分乘以其对应权重再加总，即

"（-2）×2+（-2）×1+（-1）×3=-9"，同理，对得分栏进行加权累加得出"47"。

（4）按得失总分高低排列各个职业选项的决策优先顺序。最后，将每一项职业选择的得分合计与失分合计加总，得出该职业选择的总评分，则三项职业选择对于自己而言的职业生涯决策的优先次序便一目了然。

# 【实训项目四】 金融领域职业生涯规划设计

## ■实训目的

1. 通过实训，掌握职业生涯规划设计的具体步骤，并对自己的职业生涯有个初步规划。

2. 学会通过"职业生涯规划6W法"明确适合自己的职业志向（长远职业目标）。

3. 能较为全面、客观地进行自我评估，认清自己在职业道路上的优劣势。

4. 会分析自己在金融专业领域职业生涯的机会及潜在的发展可能性。

5. 能熟练运用"职业生涯决策平衡单"在自己的意向职业中做出明确的职业选择（短期职业目标）。

6. 为自己的长远职业目标设立具体的发展规划和工作计划。

## ■实训要求

1. 请按照本实训中"步骤A-B-C-D-E"的要求，制定出自己在金融领域的职业规划。

2. 本实训将图3-1的职业生涯规划具体步骤简化为"确定职业志向、自我评估、职业生涯机会、职业机会评估、选择具体职业、制定具体规划与行动计划"五个步骤来实现个人职业生涯规划设计。

（1）步骤A. 确定职业志向。该部分要求根据"职业生涯规划6W法"逐步分析出自己的职业志向，即人生最终想要在职业上达到的长远职业目标或事业状态是什么。

（2）步骤B. 自我评估。该部分要求从个人职业价值观、职业性格、兴趣爱好及特长、情绪情感状况、意志力状况、个人优缺点等多方面对自己进行全方位的评估。

（3）步骤C. 职业机会评估。该部分要求从社会环境、行业环境、职业分析、企业分析等方面对自己可能面临的职业生涯机会进行评估。

（4）步骤D. 选择具体职业。该部分要求使用"决策平衡单法"对自己的意向职业进行定量评估，并根据分数决定最终选择哪一项职业。

（5）步骤 E. 制定具体规划与行动计划。该部分要求将职业志向和具体职业选择按时间周期进行分解，设计出详细可行的职业发展规划。

### ■步骤 A：确定职业志向

请参考教材本章节 3.1.4 中表 3-2 "职业生涯规划 6W 法"的内容，并结合自己在"实训项目"中的职业定位分析结果，通过填写表 3-12 确定大致的职业志向。

表 3-12　确定职业志向

| W1 | 你是什么样的人？ |
|---|---|
|  |  |
| W2 | 你在一生的职业发展过程中想要得到什么？ |
|  |  |
| W3 | 你在金融职业领域里能干什么？ |
|  |  |
| W4 | 你有什么资源能支撑你想要的职业道路或职业理想？ |
|  |  |
| W5 | 什么样的工作状态是让你感到最舒适的？ |
|  |  |
| W6 | 你最终会选择怎样的职业志向（长远目标）？ |
|  |  |

## ■步骤 B：自我评估

请结合教材 3.2.4 的内容以及模块一中"实训项目"的个人测评结果，通过填写表 3-13 完成自我评估的内容。

表 3-13　自我评估

| 自我评估项目 | 自我评估得分 |
| --- | --- |
| 个人职业价值观 |  |
| 个人职业性格 |  |
| 兴趣、爱好及特长 |  |
| 情绪情感状况 |  |
| 意志力状况 |  |
| 已具备经验 |  |
| 已具备能力 |  |
| 个人优点 |  |
| 个人缺点 |  |
| 人际关系状况 |  |

## ■步骤 C：职业机会评估

请结合教材 2.1、2.2、3.2.1、3.2.2 以及 3.2.3 章节提供的关于我国就业环境、金融领域就业特征及机会、金融行业宏观环境、金融机构组织环境、专业背景与工作经验等方面的分析内容，对表 3-14 罗列的职业机会评估项目进行分析。

表 3-14　职业机会评估

| 1. 社会环境分析（如就业形势、就业政策、竞争对手等） |
| --- |
|  |
| 2. 行业机会分析（如行业现状及发展趋势、人业匹配分析等） |
|  |

表3-14(续)

| 3. 职业机会分析（如职业的工作内容、工作要求、发展前景、人岗匹配度等） |
|---|
| |
| 4. 企业环境分析（如单位类型、企业文化、发展阶段、产品服务、员工素质、工作氛围等） |
| |
| 个人面临的职业生涯潜在机会总结 |
| |

### ■步骤 D：选择具体职业

请在教材"实训项目"填写好的"意向职位对比表"中，选择三项自己最中意的职业，填在表3-14对应的三个职业选择项中，并参考表3-11的内容，在表3-14的"评价项目"一栏中尽可能多地罗列自己对于职业发展的具体考虑因素。然后，参照表3-11的评分标准，对自己的职业选择进行加权评分及得失差分计算。

表 3-15　职业生涯决策平衡单表

| 评价项目 | 权重 | 职业选择 | | 职业选择 | | 职业选择 | |
|---|---|---|---|---|---|---|---|
| 具体考虑因素 | 从1~5中选择倍数 | 加分 | 减分 | 加分 | 减分 | 加分 | 减分 |
| ☐ | | | | | | | |
| ☐ | | | | | | | |
| ☐ | | | | | | | |
| ☐ | | | | | | | |
| ☐ | | | | | | | |
| ☐ | | | | | | | |
| ☐ | | | | | | | |
| ☐ | | | | | | | |
| ☐ | | | | | | | |

表3-15（续）

| □ | | | | | | | |
|---|---|---|---|---|---|---|---|
| □ | | | | | | | |
| □ | | | | | | | |
| □ | | | | | | | |
| 加权后的分数合计 | | | | | | | |
| 加权后的得失差 | | | | | | | |

## ■步骤 E：制定具体规划与行动计划

以步骤 A 所确定的职业志向和步骤 B 所确定的具体职业为目标，按表3-16的要求对自己的职业生涯发展进行详细规划，规划中要体现具体可行、有上下承接性的职业发展路径。具体填写内容可参考表3-4 中的规划方案参考提示。

表 3-16　职业生涯具体规划与行动计划

| 阶段性职业目标 | | 职业生涯具体规划与行动计划 |
|---|---|---|
| 职业志向<br>（人生目标） | | |
| 十年计划 | 职位目标 | |
| | 实施途径 | |
| 五年计划 | 职位目标 | |
| | 实施途径 | |
| 三年计划 | 职位目标 | |
| | 实施途径 | |
| | 可能出现的<br>意外及应对措施 | |
| 明年计划 | 1 年内要完成的任务 | |
| | 有利条件 | |
| | 主要障碍 | |
| | 具体措施 | |
| 下月计划 | 工作计划 | |
| | 学习计划 | |
| | 社交计划 | |

模块三　金融领域职业生涯规划

表3-16(续)

| 下周计划<br>(将月度计划<br>分解为周计划) | |
|---|---|
| 明日计划<br>(罗列具体事件<br>及完成顺序) | |

# 【实训项目五】 简历设计与求职实训

## ■实训目的

1. 掌握求职简历撰写技巧，为自己设计一份金融领域的求职简历。

2. 调查分析自己的意向就业企业或潜在招聘者的综合情况，并从中获取对自己就业或入职有利的信息。

3. 塑造良好的职业形象、举止、态度，并对金融类企业面试可能涉及的问题做好充分的应答准备。

4. 了解接受职位时应确认的关键信息。

5. 逐渐适应由学生到职场新人的角色转换。

## ■实训要求

1. 按照"实训指导A：如何制作个人简历"的内容，根据自己有意向应聘的金融类岗位招聘要求，设计一份个人简历，要求用一页A4纸编写并排版简历所有内容。

2. 按照"实训指导B：如何做好求职准备"的内容，向自己的意向企业投递简历，尝试获取面试、实习、试用或直接入职的机会。

### ■实训指导A：如何制作个人简历

简历是用于职业应聘的书面交流材料，它可以向未来的雇主表明自己拥有能够满足特定工作要求的技能、态度、资质和自信。成功的简历是一件营销武器，用来向未来的雇主证明自己能够解决他的问题或者满足他的特定需要，从而确保雇主有兴趣通过面试来进一步了解自己是不是企业所需人才。

一个求职者的简历到底好不好、是否吸引眼球，完全取决于该简历投向的企业招聘者。而站在企业招聘者的角度，在招聘季，每天都会收到成百上千份简历，因此根本没有时间字字不漏地逐一浏览。招聘者对简历的筛选过程很快，每份简历可能最多只看几个关键词，通过关键信息快速初选出一小部分简历再详细阅览。所以一份简历的制作重点，在于能让招聘者一眼抓住岗位所需的核心关键词，至于简历是否精美、是否附有辞藻华丽的求职信，这些都只是可有可无的修饰而已。

简历的基本制作过程大致可以按"分析拟应聘职位信息→构建简历具体内容→简历排版设计"的顺序实施。

1. 分析拟应聘职位信息

在任何一个职业领域，即便其人力资源需求属于某一共同专业方向的人才，但由于不同的企业提供的职位有所不同，或是对于同一类型职位，不同企业的要求有所差异，再加上任何一个行业都存在众多细分领域，相关岗位职责描述差异较大，因此也尽量不要用一份万能简历投递多家企业的多种职位，而应针对每一个意向职位的招聘要求制定具有职位针对性的简历内容，才更能投其所好。

在撰写简历之前，首先要做的便是全面分析职位招聘信息中的内容，或是更进一步获取职位的提供方企业的相关信息，了解企业为该职位进行人才招聘的核心需求，并抓住职位信息中的关键字，以便呈现在自己的简历中，从而提高面试机会。表 3-17 呈现了一个职位可能包含的信息及在简历上需要呈现的内容。

表 3-17　职位信息分析

| 职位信息 | 关键内容提取 | 可呈现在简历上的内容 |
| --- | --- | --- |
| 基本信息 | ·职位名称<br>·职位所属部门,以及该部门在整个企业结构中的地位<br>·职位的上级主管部门、平行部门有哪些<br>·该职位需要招聘多少人,人员流动性是否较大 | 可将职位名称或部门类别反映在简历中的求职意向和求职目标。其他内容仅作为个人职业生涯发展规划需要了解的信息 |
| 任职资格 | ·从业者的学历和专业要求<br>·工作经验要求<br>·专业资质（证书）要求<br>·专业知识方面的具体要求<br>·职位技能要求:沟通能力、领导能力、决策能力、写作能力、外语水平、计算机水平、创新能力等<br>·个性要求:年龄、身高、形象、健康情况、个性等 | 若是应届毕业生,着重将学历和专业要求反映在简历中的教育背景里;将工作经验要求尽量反映在社会及校园实践一栏;计算机、外语与专业能力以证书罗列的形式反映在资质证书部分;形象若很好,可附上简历照片;个性要求反映在简历中的自我评价部分 |
| 工作条件 | ·固定办公环境还是非固定环境<br>·工作地点及通勤情况<br>·出差频率<br>·工作环境的安全隐患 | 不反映在简历中,但可用于对职业对自己的适宜性的判断 |

模块三　金融领域职业生涯规划

表3-17(续)

| 职位信息 | 关键内容提取 | 可呈现在简历上的内容 |
|---|---|---|
| 职位所需设备及工具 | · 对办公类软件的熟悉程度要求<br>· 对设计类软件的熟悉程度要求<br>· 对专业分析类软件的掌握要求<br>· 对计算机及其他办公设备的掌握情况<br>· 对机动车驾驶技术的掌握情况 | 如果对相关工作相关软硬件设备有所掌握的话，可将会使用的软硬件具体名称及熟练程度反映在个人技能中 |
| 劳动强度 | · 职业对耐力、压力、控制力、精气神等方面的要求<br>· 每日及每周的劳动时间<br>· 固定工作时间还是非固定时间制 | 可在简历中的自我评价中，根据职业要求，适度评价自己的抗压能力对职业的符合程度 |

### 2. 构建简历具体内容

一份标准的简历主要由个人基本信息、教育背景、工作经历以及个人技能四个方面构成。而对于应届毕业生来说，由于缺乏工作经验，因此简历中应更为突出校内外实践经历、资格证书、专业成果以及自我评价部分，以此吸引招聘企业的关注。以下是应届毕业生构建简历时需要考虑的具体内容：

（1）个人基本信息。这主要包括姓名、性别、联系方式（包括电话和邮箱）、求职意向。对于应届毕业生来说，该部分的撰写难点在于求职意向，因为应届毕业生一般对自己适合什么工作岗位没有明确的概念，觉得什么职位都可以尝试，所以导致求职意向中的职位跨度很大且没有丝毫联系。建议每份简历只写一个或一种类别的求职意向，简历的内容全部围绕这一主题撰写，才会使简历具有职业针对性。对于企业来说，应届毕业生是可塑性较强的人力资源，一般公司录用的应届毕业生都需要从基层做起，并会对其进行培养和改造，因此在求职意向中不用特别突出具体的岗位倾向，只需要突出专业与公司招聘方向对口即可。

（2）教育背景。该部分内容不宜过多，简洁明了、重点突出即可，主要突出大学学校名称、学位、专业方向，以及在校期间参加过的一些相关专业技能培训。在专业与岗位需求有偏差的情况下，如果在校期间选修的相关课程与岗位需求比较契合，则可适当罗列一些所学课程，来弥补专业不对口的不足。

（3）实习实践经历。这部分主要展现在校期间参加的社会实习或学校活动，特别是对一些能体现自己专业能力或社会沟通技能的活动详细罗列。在撰写实践经历时，可采用STAR法则来叙述一段具体经历（如表3-18所示）。

表 3-18　STAR 法则与实践经历描述

| STAR 法则 | | 法则说明 | 案例运用 |
|---|---|---|---|
| S | 情景<br>（Situation） | 什么时候在什么企业/活动中担任什么职位 | 2018-2019 担任××社团部长，管理并支持××社团的整体运作，协助完善社团章程与制度；负责策划××活动，获得商业赞助××元，活动参加人数共计××人；任职期间，提高了自身的团队组织能力和领导能力，被学校评为"××××"（荣誉/称号/奖状）。 |
| T | 任务<br>（Task） | 分配的任务是什么，负责哪部分工作 | |
| A | 行动<br>（Action） | 具体做了哪些事情（量化/事实） | |
| R | 结果<br>（Result） | 通过这项工作/活动获得了什么经验/成绩 | |

（4）资格证书。一些职业领域或大型跨国企业对部分资格证书存在准入门槛要求，而一些发展前景较好的职位对具备国际资质认证的人才更为重视。因此在简历中，务必将与专业和技能挂钩的资格证书逐一列出。就一般技能而言，最好罗列能体现自己外语、计算机水平的相关证书，如英语四六级证书、剑桥商务英语证书、国家计算机等级考试证书、软件开发或多媒体设计方面的认证证书等；对于专业技能而言，最好能罗列与意向就职行业相关的资质证书，比如在金融领域就职，则可根据自己获取证书的情况，罗列诸如证券从业资格证、CFA、CPA 证书等金融专业相关资质证书（金融行业对资质证书的需求可参考模块二中的表 2-4）。

（5）专业成果及获奖情况。如果在专业刊物上有公开发表的论文成果或应用型成果，则可在简历中单独列一栏，将具体的专业成果和在校获得的各项荣誉逐一列出，以此凸显自己在专业方面的造诣，或以此证明自己的学习能力。

（6）个人技能。个人技能主要凸显自己能为岗位所用的相关职业或办公技能。一般情况下，将与拟应聘工作岗位挂钩的技能写在前面，比如岗位里明确要求会熟练操作 Office 办公软件或多媒体设计软件，则将自己会使用的该类软件罗列出来。另外，最好能写出自己能用这些技能做哪些具体事务，更具说服力，比如会使用 Photoshop 制作商业宣传海报、会使用 Excel 进行数据统计分析、会使用 Stata 构建计量模型等。

（7）自我评价。该部分是简历的最后一部分，也是对个人所有能力和经历的总结。在自我评价时，要避免华而不实的辞藻，用两三句话概括自己的突出优势、职业观以及对工作岗位的理解等重要信息，表明自己的过往经历、人格特质与拟应聘岗位是十分匹配的，突出自己对所选行业或职业领域的独创性思考和观点。

3. 简历的排版设计

简历应具备一个整洁、专业的外表，尽量能突出自己最具优势的内容，避免花哨混乱的排版（参考图3-4的简历设计）。在对简历进行排版设计时，应注意以下问题：

·简历要尽量简洁，最好能在一页之内完成，最多不超过两页。

·简历要突出重点，使简历内容有一两个与众不同之处，让招聘人员一目了然。

·仔细检查已成文的简历，避免出现任何错别字；若是应聘外企，则需要附加一份英文简历，注意不要有拼写或语法错误，不要使用翻译软件直接翻译。

·简历排版简洁明快，以浅色背景为主，切忌标新立异、色彩过多过重。

·简历照片可有可无，若附有照片，则最好是能体现个人职业形象、特质、精神面貌，不要刻意美化照片，以避免出现真人与照片不符的情况。

图3-4　个人简历设计参考模板

## ■实训指导 B：如何做好求职准备

在求职之前，每个人都会经历一段求职准备阶段，求职准备的充分与否在一定程度上决定了应聘成功可能性的高低。在对自己想要应聘的职位有了基本定位之后，接下来需要进行的准备环节就包括用人单位信息搜集、面试准备、进行面试以及为新入职场做好心理准备。

### 1. 用人单位信息搜集

在面试前应尽可能多地了解招聘企业的基本情况，包括企业性质、发展历史、业务范围、企业文化、内部组织结构等信息（参考表 3-19 罗列的信息），这样才能在面试官提及与公司有关信息或者询问为什么要应聘该公司时，自己能有一个基本的应答准备，让招聘者意识到你对公司十分了解、有渴望进入公司的诚意。应聘者在搜集用人单位信息的过程中，应了解清楚自己所应聘职位的要求，以及职位在用人单位组织中的位置以及基本薪金水平等问题，这样才能在谈及诸如薪酬这一类敏感话题时，不会将自己置于尴尬的境地。

表 3-19　应聘所需了解的用人单位信息一览

| □这家公司的发展历史及现状 | □应聘者对这份工作的喜好程度 |
|---|---|
| □目前公司的主要业务 | □工作日情况 |
| □实地考察工作环境和工作条件 | □工作中需承担的责任 |
| □内部管理组织结构（员工结构/部门结构） | □薪酬范围和福利待遇情况 |
| □决议程序 | □工作对应聘者能力及人脉资源上的要求 |
| □职位的优势和挑战 | □希望该行业有哪些转变 |
| □公司发展前景 | □对该工作的具体建议 |

### 2. 面试准备

面试是用人单位通过当面交谈的形式对应聘者进行的考核方式，通过该方式，能使招聘者直接观察到应聘者的形象、气质、举止、口头表达能力、逻辑思维能力、应变能力、情绪控制力等综合素质，所以面试是企业招聘必有的环节。不同的企业有不同的面试方式，比如个人面试、小组面试、情境面试等，但无论何种面试方式，都需要应聘者在个人资料、心理、形象上有充足的准备（参考表 3-20），并进行必要的模拟训练，从而以较好的状态应对企业面试。

表 3-20　面试准备

| 准备环节 | 准备内容 |
| --- | --- |
| 个人资料准备 | ·个人简历、求职信（非必需）、推荐信（非必需）<br>·学历学位证书<br>·相关资格证书（外语、计算机、专业资格）<br>·荣誉证书、奖项证书<br>·与职业需求相关的个人作品或专业成果 |
| 心理准备 | ·克服焦虑。过度焦虑和紧张是面试的大忌，容易导致面试发挥失常。面试者应进行一些心理素质强化训练，比如进行积极的自我暗示、树立自信等；<br>·调整情绪。面试前保证充足的睡眠和休息，适当放松，保持良好饱满的精神状态；<br>·保持日常习惯。保持平常心应对面试，即在面试前遵循自己日常的作息及饮食习惯，避免在面试前突然改变习惯而导致的不良状态 |
| 形象准备 | ·穿着得体。在面试衣着上尽量做到整洁、大方、搭配协调、色彩素雅稳重、符合职业形象。男生可佩戴手表作为饰物，尽量不佩戴戒指、项链、耳饰等额外装饰；女生在佩戴首饰的选择上应尽量选择简洁低调的设计，不要让配饰喧宾夺主；<br>·发型妆容。尽量保持发型简单朴素。男生不宜留过长的鬓角，头发不宜超过衣领上方，刮净胡须；女生头上发饰不要佩戴过多，长发尽量盘起或扎起马尾，避免过于新奇怪异的发型，避免浓妆；<br>·举止得体。注意使用日常礼貌用语、保持微笑、练习合适的说话语速和声调 |
| 模拟训练 | ·包括学习聆听、应对、快速反应、语言表达、职场礼仪等内容；<br>·通过面试前的模拟训练，应试者可以提前找出自己应对面试时的缺点和不足，从而做相应改进和完善，增强自信，消除面试的紧张感 |

3. 面试过程中的注意事项

在一个完整的面试流程中，应聘者应做到"提前到达，耐心等候，敲门进入，面试房间，呈送个人资料给面试官，感谢让座，保持坐姿端正，与面试官做有效的目光交流，自信作答，面试完毕后表示感谢，离开面试房间时随手关门"。除此以外，面试时有如下禁忌，应聘者应注意避免：

·忌过多重复。谈论问题时可以重点突出，但不要为了推销自己，反复提及个人简历上已经明显呈现的基本信息，否则会让面试官感到厌烦。

·忌答非所问。如果遇到自己没听懂或一时无法想出适当答案的问题，切忌不着重点、东拉西扯，而是以礼貌的态度请面试官重复一遍问题，或先尝试谈论自己的理解后，请对方确认理解是否正确。

·忌反客为主。面试一般是由企业人力资源人员主导整个流程，面试者避免过于活泼，向面试官发问或挑战其权威。这种做法只有在提问有深度和技巧的情况下才能发挥使人印象深刻的作用，但大部分时候容易操作不当，引人反感。

·忌冷场。当遇到面试官严肃寡言，或是故意沉默不语对面试者进行考验时，若面试者乱了阵脚或尴尬应对，则可能会使面试进入冷场局面。这时，面试者可以继续对前一问题做深入探讨，或尝试询问面试官与职业相关的话题，打破沉默。

·忌套近乎。会套近乎并不是情商高的表现，在不适当的场合套近乎只可能引起他人的不适。面试中，过分套近乎会占用面试者宝贵的面试时间，影响其在其他专业方面的发挥，缩短面试官对面试者专业能力或职业技能方面的了解时间。

·忌过分谦虚或浮夸。在面试中过分谦虚，则无法将自己的优势表现出来，还可能给面试官造成自卑或信心不足、无法胜任工作的印象；而过分浮夸，则会给人造成不诚实、不踏实、夸耀、自负、骄傲自大的感觉。因此在面试应答中，应学会扬长避短，谦虚地表达自己的优点，委婉地认知自己的缺点并自行提出纠正方案。

4. 新人入职建议

一旦接受了工作，签订了劳动合同，则表示正式由学生角色向职业角色转变。对于初入职场的新员工来说，由于初次进入一个陌生的环境，新环境和新人际关系的未知感会给新人带来一定的压力。因此，职场新人应对办公环境、同事、企业运作方式、上司管理风格等方面快速了解和熟悉，以便于自己进入职场后能有一个有效的过渡期，让自己尽快摆脱学生时期的行事方式，迅速适应新工作环境，投入工作，为公司带来经济效益。由于每个人有不同的职业人格，导致为人处事方式不同，所以并不要求新人进入职场都要一味地遵循或服从统一的办事标准。但作为新人，以下几条建议可适当借鉴：

·保持忠诚，避免与其他同事谈及公司或他人的负面评论；
·了解直属上司或部门同事对自己的期望；
·尽快熟悉办公室环境及同事品性，与正确的人建立良好的工作合作关系；
·给予支持，时刻准备承担更多的工作；
·学会解决问题，而不是制造麻烦或将事情复杂化；
·尽一切努力协助上司完成他的工作，并善于从上司或有经验的老员工身上总结学习其业务技能和处事技巧；
·学会承担责任，避免为工作失误寻找借口或表现出埋怨情绪。

# 模块四

# 金融企业内部环境中的职业能力构建

┌─ ■培养目标 ─────────────────────────────────────┐

□了解在金融企业内部环境中，将会面临和处理的人际关系、事务协调、
个人基础工作等问题；

□提高个人在金融职场内部工作的专业性，能掌握最基本的金融数据搜
集整理技能和金融市场、金融产品的分析方法，并配合就职的金融机
构类别予以应用；

□具备基本的团队合作能力，能鉴别职场内部的各部门和团队属性，并
与之建立良好的合作关系，能制定有效的团队及个人绩效提升方案；

□学会与职场内部同事和领导进行有效沟通，能进行适当的自我能力展
示，并具备基本的人际冲突解决能力。

└─────────────────────────────────────────────────┘

## 4.1 金融企业内部环境概述

### 4.1.1 金融企业内部环境构成要素

企业内部环境是指有利于保证企业正常运行并实现企业利润目标的内部
条件与内部氛围的总和，它由企业资源、企业组织结构、企业文化等因素构
成。这些因素相互联系、相互作用，形成企业组织内部的一种共享价值体系，
共同影响着企业的经营理念、工作风格、业绩及其综合竞争力。

对于金融企业来说，虽然随着金融行业细分的发展，出现了越来越多不

同类型的金融机构，它们经营着不同类型的金融产品和业务，但这些金融机构在经营对象、经营内容、经营关系、经营原则、经营风险上都拥有相似的特性，即商业性金融机构都是围绕着货币资金及金融工具的运作及其风险控制而展开经营管理活动的。在这种特性的引领下，也导致大部分金融机构的内部构成要素有诸多共同点，如图4-1所示。

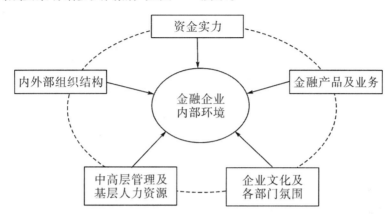

图4-1　金融企业内部环境的主要构成要素

　　一家金融机构的内部环境除了图4-1所示的内容以外，还包括其他很多要素，诸如其信息资源、技术资源、品牌资源等，但从就业者的角度来看，图4-1所示的主要构成要素是一个金融专业的应聘者用来分析一家金融机构是否符合自己的专业发展方向、职业性格和职业发展生涯的重要因素，或者说，是应聘者用来评判自己是否有意愿以及是否有资格进入该企业、胜任相关职位的重要因素。

　　（1）资金实力。资金是企业用于生产经营的本钱，是以货币形式存在的企业资源。对于金融企业这类以货币及金融工具为经营对象的储藏性资本高密集型企业来说，资金的价值和作用更为明显，它是金融企业的重要生产要素。一家金融企业的资金实力大小往往决定着它在行业中的地位、信用扩张能力、抵御各类风险的能力、金融业务的发展能力等各项竞争力。同时，就职金融单位的资金实力还决定了就职者背靠的平台大小。大平台和小平台对个人职业发展有着不同的支撑作用，也会导向不同的职业发展路径。

　　（2）金融产品及业务。各类金融机构的服务都是围绕着其金融产品和业务展开的，主要包括对金融产品及业务的研发环节、管理环节及营销环节，金融行业从业者的所有从业活动几乎都是围绕着这三个环节而产生的，也是其在金融职场内部工作的主题。

　　（3）内外部组织结构。所谓内部组织结构，主要是指金融企业经过组织设计形成的组织内部各个部门、各个层次之间固定的排列方式，即金融组织内部的构成方式；而外部组织结构主要是指一些规模较大、跨部门、跨地区、跨国度经营的金融集团所辖子公司或分公司与总部之间的相互关系类型，比如"金字塔型""围绕型"等。了解金融企业的内外部组织结构，有助于从业者对自己在企业内部环境中的职业发展路径进行定位，分析自己已有的专业及业务能力和潜能适合什么样的发展路径，适合在什么样的部门长期发展。

（4）中高层管理及基层人力资源。对于银行、证券、保险这三大传统金融行业的商业性组织机构而言，其人力资源结构大部分都呈现金字塔型，即都雇佣有较大数量流动性较高的基层从业人员，并且这些人员通往中高层管理阶层的条件更多地依赖于个人及团队业绩水平。当然也有一些对专业分析能力依赖较大的部门，如券商的研究所，其人力资源的内部提拔途径往往与人才的学历及专业水平直接相关。因此，金融企业的人力资源结构也决定着从业者在企业内部的向上升迁或平级调动等职位变动的可能性有多大。

（5）企业文化及各部门氛围。培育企业文化是现代企业管理的趋势，金融企业也不例外。金融企业文化渗透于企业的一切活动之中，包含了金融物质财富和精神财富，它由金融企业的形象、信誉、价值观、服务质量、经营思想、管理风格、企业道德、企业精神、运作规范等一系列无形因素构成，从而形成该金融机构在社会公众和内部员工中的整体印象。在这些因素中，品牌信誉是各大金融机构塑造企业文化的核心要素，因为金融机构作为经营货币及信用关系的特殊企业，其信用与声誉极为重要，是其他企业文化建设的基础。除了企业整体文化以外，部门氛围也是企业内部环境的重要构成要素，它决定了职场内部的人际沟通方式、团队之间的协作方式与冲突解决方式等，是个人用来判断自己在职场中如何进行有效工作及交流的环境条件。

## 4.1.2 内部环境要素对职业能力的要求

当应届毕业生进入职场后，就必须完成校园角色向企业角色的转换，在自身能力方面，也必须从以适应校园为主的书本知识学习能力向以适应企业内部环境为主的职业能力进行转换。对于金融类企业的从业者来说，在金融企业内生存和竞争所必备的职业能力主要有金融数据搜集及整理能力、金融市场及产品分析能力、职场人际沟通能力、团队管理及协作能力。

其中，金融数据搜集及整理能力和金融市场及产品分析能力体现了金融从业人员的专业基本素质，无论在金融机构内部的岗位是属于前台营销类岗位、分析类岗位还是后台管理类岗位，从业人员都应具备所属金融细分领域需要的专业分析能力，这是行业对从业人员以及企业对所雇员工的专业素质要求。只有当金融企业内部各岗位人员都对自身专业素质有一定要求时，才能凸显金融机构的专业性，同时这也是金融企业文化和品牌形象的树立所需要的职业能力。

在职场内部发展，除了需要持续拓展专业知识、提升专业素质以外，还需要在各类职场活动中锻炼为人处事能力和应变能力，这样才能将个人才能与团队需求有效融合，促成部门及内外部组织之间的有效沟通，提高企业整体运营效率和企业整体绩效。因此，职场内部人际沟通能力和团队管理及协作能力也是金融组织运作所需的重要职业能力。

# 4.2　金融数据搜集整理能力构建

## 4.2.1　宏观经济数据的搜集与整理 ├────────────

宏观经济数据是指体现一国整体经济情况的各类指标，比如国内生产总值、居民消费价格指数与工业品出厂价格指数、货币流通量、存贷款基准利率、进出口总额与贸易差额、财政收支与税收等。由于金融业的经济活动都是围绕货币借贷与资本投资展开的，因此较其他行业更关注整体社会经济运行的状态，以便进一步预测投资收益，控制投资风险。同时，对宏观经济数据的分析和解读将直接影响金融企业对其各项业务和产品的战略布局和调整。

宏观经济数据最官方的来源渠道是国家统计局的网络数据库，除此以外，大部分财经类门户网站、金融信息终端软件、网络大数据研究平台都能整理提供宏观经济数据的查询、搜索以及分析解读结果。

### 4.2.1.1　国家统计局数据库的宏观经济数据查询

中华人民共和国国家统计局是国务院直属机构，其主管工作之一便是全国统计和国民经济核算。在互联网日渐发达的今天，国家统计局发布的统计年鉴、季度数据、月度数据等都以分类统计的方式呈现在网络数据库中，便于公众查询。查询方式：先登录国家统计局的网上数据库data. stats. gov. cn，然后通过网页导航栏的分类条目（如图4-2所示），根据自己的分析需要，选择月度数据、季度数据、年度数据、普查数据、地区数据、部门数据、国际数据，或是直接在"查数"搜索框里按关键词搜索想要查询的经济数据。

除了提供数据查询功能以外，国家统计局数据库还集成了一些简单的数据图表分析整理功能，比如提供对各项重要经济数据总结生成的经济图表，又比如对用户查询数据设置了自定义时间筛选功能，并能为数据查询结果生成柱状图、条形图、饼图等图表形态，便于数据使用者更直观地进行数据总结和分析。

图 4-2　国家统计局经济数据查询页面示意图

另外，国家统计局还为移动网络用户提供了基于手机等移动客户端的数据查询渠道（如表 4-1 所示）。除了和网络端同步发布权威统计信息之外，还能及时解答公众提问，为公众提供更加便捷、高效的统计信息。

表 4-1　国家统计局的"统计移动"数据获取渠道

##### 4.2.1.2 财经类门户网站的宏观经济数据查询

所谓门户网站，是指通向某类综合性互联网信息资源并提供有关信息服务的应用系统。随着门户网站内容的细分发展，这些综合性门户网站又逐渐形成了各类专题类门户站点。其中较为著名的财经类专题门户网站有新浪财经、网易财经、搜狐财经、腾讯财经、新华财经、凤凰财经、和讯财经等。在这些财经类门户中都能迅速定位国内外最新的宏观经济相关新闻和讯息，部门财经类门户还专门对一些常用宏观经济数据进行了汇总整理，方便用户查询。

由财经类门户网站提供的宏观经济查询页面及其登录地址如下所示：
· 新浪财经的中国宏观经济数据：finance. sina. com. cn/mac；
· 新浪财经的全球宏观经济数据：finance. sina. com. cn/worldmac；
· 新华财经的国际宏观经济数据：dc. xinhua08. com；
· 中国经济网的宏观经济数据：data. ce. cn/main/macrography/index. shtml；
· 和讯财经的宏观经济数据：mac. hexun. com；
· 政府门户网站的宏观经济运行数据：www. gov. cn/shuju/index. htm。

上述这些财经类门户网站都将国内外最新的宏观经济数据分指标进行展现，并和国家统计局网上数据库一样，采用基本的趋势图、条形图、柱状图等图表解析（参见图4-3），对用户选取的宏观数据组自动生成对比界面，方便分析人员直接在数据页面进行基本的数据处理。

**图4-3　新浪财经的全球宏观经济数据查询页面示意图**

##### 4.2.1.3 金融信息终端的宏观经济数据查询

金融终端软件是指一些信息技术开发公司研发的，安装于电脑端、手机及 iPad 移动端的金融数据信息综合分析软件。这些软件一般能提供包括股票、债券、期货、外汇、基金、指数、权证、宏观行业等多项金融数据及咨询，同时还附带数据分析系统和数据导出功能，便于研究人员做进一步的深入研究。关于金融信息终端的常见品牌及具体功能，我们将在教材 4.3.2 章节中详细讲述，本部分主要讲解这些终端提供的宏观经济数据。

比如在我国位于领先地位的金融数据、信息和软件服务提供商万得信息技术股份有限公司，其研发的 Wind 金融终端中就包含有付费使用的经济数据库，主要使用对象为经济学家、策略分析师、行业研究员。这类数据库集成了全球市场的海量宏观数据，指标涵盖十分全面，同时还提供检索查询、数据提取与分析、图形生成等数据的专业分析功能，较统计局和财经门户网站所提供的免费数据和分析功能要强大很多。

### 4.2.1.4　网络研究平台的宏观经济数据查询

随着大数据与人工智能的发展，越来越多的基于经济数据分析的网络大数据研究平台开始崛起，它们中的一些与大型券商合作开发数据产品，另一些与学术机构联合开发研究平台，还有纯粹作为商业性平台独立运营的。这些网络研究平台中较为著名的有中国知网旗下的中国经济社会大数据研究平台data. cnki. net（如图 4-4 所示）、前瞻产业研究院旗下的前瞻数据库d. qianzhan. com（如图 4-5 所示）。其中，知网的数据平台特点在于除了国际国内、地区、行业宏观的经济数据以外，还集成了中央级、省级、地方级统计年鉴导航；而前瞻数据库的特点在于数据细分较为深入，致力于全面跟踪和深入研究中国细分产业发展的现状和趋势，因此在进行数据关键词搜索时，会呈现与查询数据相关的数据新闻、研究报告以及细分统计等关联信息。

图 4-4　中国经济社会大数据研究平台示意图

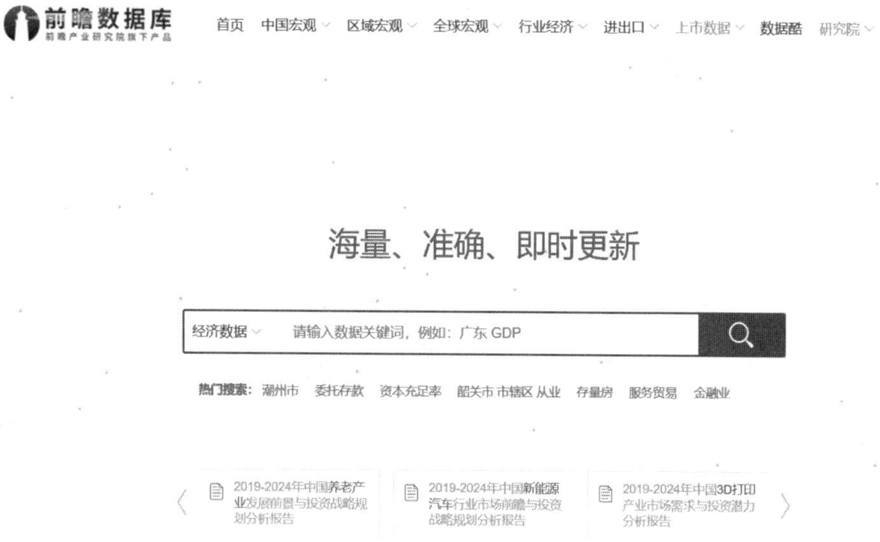

海量、准确、即时更新

| 经济数据 ∨ | 请输入数据关键词，例如：广东 GDP | 🔍 |

热门搜索：潮州市 委托存款 资本充足率 韶关市 市辖区 从业 存量房 服务贸易 金融业

📄 2019-2024年中国养老产业发展前景与投资战略规划分析报告　📄 2019-2024年中国新能源汽车行业市场前瞻与投资战略规划分析报告　📄 2019-2024年中国3D打印产业市场需求与投资潜力分析报告

图 4-5　前瞻数据库示意图

## 4.2.2　银行数据的搜集与整理

　　银行是经营货币和信用业务的金融机构，也是现代金融业的主体以及国民经济运转的枢纽，因此，现代银行业运行所产生的数据主要包含社会融资、货币资金供求、银行间交易数据等方面的内容。在我国，负责提供官方、准确的银行类统计数据的机构主要有中国人民银行、中国银行保险监督管理委员会、中国外汇交易中心暨全国银行间同业拆借中心等。表 4-2 对上述机构所发布的银行数据类型以及查询方式进行了整理。

表 4-2　银行类数据获取渠道一览

| 数据来源机构 | 查询路径 | 数据内容 |
|---|---|---|
| 中国人民银行 | 登录央行网站，在信息公开导航栏中选择"调查统计"即可按年度查询统计数据（www.pbc.gov.cn） | ·社会融资规模<br>·货币统计概览（官方储备资产、货币当局资产负债表、存款性公司概览、货币供应量、汇率、国际储备与外币流动性数据等）<br>·金融机构信贷收支统计（本外币信贷收支数据、外汇信贷收支数据、人民币信贷收支数据）<br>·金融市场统计（全国银行间同业拆借交易统计、全国银行间质押式回购交易统计、Shibor 统计） |

模块四　金融企业内部环境中的职业能力构建

·107·

表4-2（续）

| 数据来源机构 | 查询路径 | 数据内容 |
|---|---|---|
| 中国银行保险监督管理委员会 | 通过银保监会网站下方链接登录原银监会网站，在导航栏中选择"政务信息"中的"统计信息"，在统计信息页面按类别查询数据（www.cbrc.gov.cn） | ·银行业金融机构资产负债情况表<br>·商业银行主要监管指标情况表（信用风险指标、流动性指标、效益性指标、资本充足指标、市场风险指标）<br>·商业银行主要指标分类机构情况表<br>·银行业金融机构用于小微企业的贷款情况表<br>·银行业金融机构用于保障性安居工程贷款情况表 |
| 中国外汇交易中心暨全国银行间同业拆借中心 | 登录中国货币网首页，即可查询人民币及外汇市场行情。在网页导航栏中选择"市场数据"下拉框中的"统计月报"，可按交易品种、地区、机构类别查询市场成交数据（www.chinamoney.com.cn） | ·人民币汇率中间价<br>·外汇市场行情（即期报价、远期报价、参考汇率、境内美元同业拆放参考利率等）<br>·人民币市场行情（同业拆借利率、质押式回购利率、现券价格和收益率）<br>·银行间国债指数<br>·银行间国债实时收益率曲线 |

### 4.2.3 证券数据的搜集与整理

证券是多种经济权益凭证的统称，包括资本证券、货币证券、商品证券以及衍生证券。其中，最常见的证券品种便是股票和债券。随着我国证券市场的日益发达，创新证券品种越来越多，其交易规模也日渐壮大，比如商品期货、股指期货、商品期权、股票期权等。大部分财经类门户网站对这些证券数据都有专门的分类查询页面，但有时会存在数据更新不及时、操作不方便等问题。因此，对于证券数据的搜集和整理，最有效的方法便是借助金融信息终端。本部分以东方财富终端为例（如图4-6所示），讲解快速提取证券数据的方法。

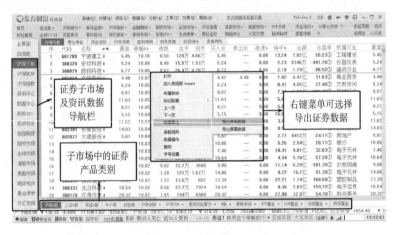

图 4-6 东方财富终端的证券数据浏览及导出界面示意图

大部分市面上的行情软件或金融信息终端都能提供免费且实时的沪深个股、沪深指数、国内期货现货、国内期权、国内基金债券及外汇市场行情，同时大部分软件商也会免费提供有一定延时的美股和港股报价信息。因此，金融终端基本能覆盖较为全面的证券数据，并且根据用户习惯，还会设计直观便捷的数据分类导航和数据提取功能。比如图 4-6 所示的东方财富终端，在左侧导航栏中，可选择 A 股、美股、港股、基金、债券、股指、期货、现货、外汇等证券子市场的实时行情数据；选择后，即可在底部的导航栏中，进一步筛选各子市场内部所包含的具体证券产品数据；而界面中间部分便是具体证券数据的展示窗口，可通过鼠标右键菜单选择导出数据的方式，将所选数据导出至 Excel 表格中，供进一步整理和分析使用。

### 4.2.4  基金数据的搜集与整理

证券投资基金是一种集合投资制度，它存在于投资者与投资对象之间，把投资者的资金转换成金融资产，通过专门的基金管理机构（基金公司）在金融市场上再投资，从而使基金投资者的货币资金增值，而它发行的凭证即具体的基金产品（或称为基金单位、基金股份、基金受益凭证）与股票、债券一起构成有价证券的三大主要品种。本部分所提及的基金数据其本质也是证券数据的一种，但在我国大部分金融终端或行情软件里，对基金数据的整理是参差不齐的，会出现基金数据不齐全或者基金分类不统一的问题，因此不建议在 4.2.3 章节所提及的金融终端中获取基金数据，而是应通过独立基金销售平台的数据库获取。

由于我国基金产品日渐丰富，基金代销渠道也逐渐增多，除了传统的基金公司直销以及银行券商代销以外，还出现了很多具备第三方基金销售牌照的独立基金销售机构，它们一般都会将市场上所有的基金数据在自己的基金门户网络平台和手机 APP 上进行整理发布，供投资者搜索筛选及分析。表 4-3 罗列了几个业内较为大型的基金销售平台，在这些平台中，可快速查询公募和私募基金的排名、净值、估值、收益率、持仓组合、评级、管理人、基金分类等详细信息。

表 4-3  基金查询及购买主流平台

| 平台名称 | 网页端登录地址 | 手机或电脑端登录地址 |
|---|---|---|
| 天天基金网 | www. 1234567. com. cn | |

表4-3（续）

金融职业能力
培养与实训

| 平台名称 | 网页端登录地址 | 手机或电脑端登录地址 |
|---|---|---|
| 和讯基金 | funds. hexun. com | |
| 好买基金 | www. howbuy. com | |
| 爱基金 | fund. 10jqka. com. cn | 电脑客户端:download.10jqka.com.cn/free/thsajj<br>手机客户端:fund.10jqka.com.cn/public/<br>0703appdownload-pc/index-pc.htm#agd |
| 私募排排网 | www. simuwang. com | |

### 4.2.5 保险数据的搜集与整理

保险即一种保障机制，以集中起来的保险费建立保险基金，用于补偿被保险人因自然灾害或意外事故所造成的损失，或对个人因死亡、伤残、疾病或者达到合同约定条件时，承担给付保险金责任的商业行为或社会保障行为。对于保险数据的查询，一般分为两个方面，一是对具体保险产品信息的查询，二是对保险业整体经营数据的查询。前者的数据较为分散，主要在各大保险公司的官方网站或营业网点才能获取较为精确即时的产品数据；而后者主要由中国银保监会负责统计发布，在原保监会网站上可以进行查询（如图4-7所示）。

在银保监会对保险业的各项统计报告里，可获取各类保险业务的保费收入及增长率数据、地区保费收入数据、公司保费收入数据、保险金额及保单数据、赔款与给付支出数据、保险业务及管理费数据、保险资金运用数据、再保险数据、资产管理数据、各公司的企业年金业务数据以及保险业资产总额数据等。

图 4-7    中国银保监会保险业统计数据查询页面示意图

# 4.3    金融思维及分析能力构建

具备金融思维模式及与之匹配的分析能力是金融业内人士必备的基础能力之一。无论是机构高层管理、市场分析师、基层营销人员还是金融机构中后台服务维护岗位的人员，在该行业中的各个岗位的工作都离不开对自己所处理的业务、谈判对象、商业对手、市场环境等问题的思考和分析。在金融领域内工作，我们对分析能力的构建基础便是形成一种或多种契合自己所属金融细分领域的金融思维模式，而所有在学校或社会中习得的各类金融专业分析方法或分析工具使用方法，都只有在特定金融思维模式的指导下才能更好地发挥方向性和实用性的效果。

## 4.3.1    金融思维模式

金融有时候不仅仅只是一个行业或是一个专业领域，它更是一种思维模式。思维模式是人类对长时间不断发展的事物及其规律的总结而形成的系统且具体的逻辑处理方式。思维模式和思维内容总是结合在一起的，因此，金融思维模式便是人们在从事金融领域各项事物后逐渐形成的、契合金融市场或行业运作规律的思考方式。

### 4.3.1.1    传统金融思维模式

传统金融在概念定义上主要是指从事存款、贷款和结算三大传统业务的金融活动。在金融行业实践中，传统金融活动主要包括银行、证券、保险三大领域的传统主营业务范畴。因此，在传统金融活动中形成并建立的思维模式更注重对于线性相关性、规模、时间复利、周转率、汇率差等方面的思考。

如表4-4所示。

表4-4　常见传统金融思维模式一览

| 传统金融思维模式 | 思维模式简述 | 应用案例 |
|---|---|---|
| 线性思维 | 线性思维是指思维沿着一定的线型或类线型的轨迹寻求问题的解决方案的一种思维方法。其优点在于能具体描述影响因素之间的相关性，其缺点在于简单、单一、无法解决复杂性问题 | 收益和风险呈正向变动关系，即高收益必然伴随着高风险，低风险必然只能产生较低的收益 |
| 信用思维 | 信用思维是金融活动最基本的思维模式。即对如何建立、利用和控制人之间、单位之间和商品交易之间形成的相互信任的生产关系和社会关系的思考 | 商业领域、金融领域和流通领域赊销、信贷等交易行为；国家建立个人和企业征信系统；信用卡的广泛发行和使用等 |
| 利差思维 | 利差是指金融工具所带来的收益与该项投资的融资成本的差额。传统金融业务对利润的调整大部分都是在利差思维的主导下实现的 | 商业银行使用利率敏感性缺口管理法、持续期缺口管理法、利差管理法来实现银行资产负债综合管理 |
| 规模思维 | 通过扩大投资规模、生产规模来获取经济效益增加的思维方式 | 在规模思维的指引下，企业可以通过股权置换、交叉持股、业绩对赌、兼并重组等策略达成战略合作、连锁制、代理制、分支机构，从而获得经营规模上的扩张 |
| 时间周期思维 | 金融投资界对时间这个因素非常敏感，大部分金融活动都拥有其周期性规律。时间周期思维强调对各类金融活动的周期性规律的总结 | 美林证券基于该思维创造了"投资时钟"理论，将资产、行业轮动、债券收益率曲线以及经济周期四个阶段联系起来，从而根据投资周期转换资产以实现获利 |

　　［资料来源］笔者根据智富联盟集团高级讲师葛昱菲关于"金融思维方式"的演讲内容，结合金融行业案例自行整理编辑而得。

### 4.3.1.2　现代金融思维模式

　　现代金融学突破了传统金融"金融即资金融通活动"这一简单定义，将金融研究和分析的核心集中在如何在不确定条件下对稀缺资源进行跨时期跨空间的分配上。由此可以看出，现代金融思维模式的核心集中在时间和不确定性对各类金融行为的影响上。基于这一核心思维模式，人们开始研究并试图解决由金融投融资活动带来的各种复杂性问题，引导现当代金融市场朝着证券化、全球化、自由化、数量化、工程化等方向发展，金融业务理念也发生了较大的变化，由传统金融时代的偏重内部成本管理，朝着以市场为导向、看重个性化金融服务和品牌形象构建等方向发展。参见表4-5。

表4-5　常见现代金融思维模式一览

| 现代金融思维模式 | 思维模式简述 | 应用案例 |
|---|---|---|
| 资产配置思维 | 资产配置是指根据投资需求将投资资金在不同资产类别之间进行分配，通常是将资金按适当比例投资到风险、收益及流动性水平不同的资产中去。该思维模式更注重从更综合的角度去看待投资收益和风险的平衡 | 金融理财师对于高净值资产人士的理财建议，会以资产整体的增值性、安全性和流动性为综合考虑因素，推荐按比例投资高风险证券、固定资产、海外资产或保险等项目 |
| 价值投资思维 | 价值投资思维主张投资行为能基于资本的安全性和适当回报的合理预期进行，以证券的内在价值分析为依托确立投资目标，相较于投资收益更注重投资的安全边际的思维方式 | 规模较大的基金管理者，在建立投资组合时，多数会运用价值投资思维制定选股策略和管理策略，以确保该基金产品长期收益的稳定性 |
| 杠杆思维 | 杠杆思维是指在进行投资决策思考时，加入金融杠杆的作用，使最终的投资结果达到以一定比例放大的效果。通俗而言，即如何利用别人的资金为自己赚钱的思维模式 | 证券公司的融资融券业务的开创以及民间配资行为便是基于这一思维，让投资者能借入证券公司的资金买入证券，或借入证券并卖出，获得杠杆收益或损失 |
| 无形资产思维 | 无形资产思维是指金融企业或个人开始重视诸如知识产权、品牌形象、企业文化、商业盈利模式等无形资产的价值运作与管理的思维方式 | 越来越多的金融企业设置了窗口业务满意度的评级功能，目的在于通过客户口碑约束从业者行为，提高品牌形象及美誉度，增加无形资产的附加价值 |
| 闭环思维 | 闭环思维是指看待任何事物，大到企业管理，小到个人工作任务或个人投资，都将其当成一个周而复始的生态圈，以结果为导向，以有始有终的态度面对当下的每一件事，建立起正向的闭环，从而达到不断改善的目标 | 金融企业在产品研发、品牌传播、渠道建设和售后服务四大环节都打造一个闭环，将营销过程延伸到整个产品的生命周期，在对金融产品进行投资的过程中继续给予营销，从而大大提高消费者对产品的认可度和忠诚度 |
| 个性化思维 | 个性化思维是指在解决问题时，具有主动性和独特性的思维活动。该思维更强调基于人的多样性而寻求适配的解决方案 | 越来越多的金融机构开始为不同的目标受众推出个性化金融服务，比如为高净值客户提供高端定制的银行卡服务、为年轻人设计的灵活小额放款业务 |

［资料来源］笔者根据智富联盟集团高级讲师葛昱菲关于"金融思维方式"的演讲内容，结合金融行业案例自行整理编辑而得。

### 4.3.1.3　互联网金融思维模式

互联网金融实则就是互联网技术和金融功能的有机结合，在开放的互联网平台上形成的功能化金融业态及其服务体系，包括基于网络平台的金融市场体系、金融服务体系、金融组织体系、金融产品体系以及互联网金融监管体系等，并具有普惠金融、平台金融、信息金融和碎片金融等相异于传统金融的金融模式。当前的"互联网+金融"的产业格局依托于传统金融，又有异于传统金融，在互联网思维和金融活动的碰撞下，很多新颖独特的互联网金融思维模式便应运而生。参见表4-6。

表4-6 常见互联网金融思维模式一览

| 互联网金融思维模式 | 思维模式简述 | 应用案例 |
|---|---|---|
| 互动思维 | 互动思维是基于人类与生俱来渴望即时动态关联的心理需求而形成的一种思维方式。随着网络端和移动端的新型实时交互平台的发展，互动思维方式较传统面对面交流模式应用广泛 | 各大商业银行推出的手机银行APP除了能提供银行业务功能外，还植入了实时客服互动程序，使用户不进入营业网点，就能咨询相关业务办理问题 |
| 跨界思维 | 金融圈的跨界思维倡导金融行业与其他各行业相互融合，产生新的融合市场，从而使闲置资源能进行跨界流动，实现更有效的资源配置 | 诸如互联网金融、汽车金融、房地产金融等领域都是在跨界思维的主导下通过产业交叉融合发展出的金融细分领域 |
| 圈层思维 | 圈层思维注重研究某一类属性较为相似的人或事物的行为。将属性一样的圈子划定在一起进行思考，则更容易寻找规律和统一解决方案 | 比如金融机构的客户类别一般都倾向按资产量来分类，因为对于投资行为来说，只有同一圈层的资产状况才会有较为接近的风险承受能力、投资需求及财富管理目标，才方便对其进行同类型的资产规划 |
| 捆绑思维 | 捆绑思维是一种强调关系的建立、挖掘和经营的思维模式，通过关系的捆绑来吸引更大流量的人群关注和参与 | 银行商城最爱把信用卡消费跟积分捆绑，再将积分与银行商城兑换活动捆绑在一起，从而促进持卡人的刷卡消费意愿 |
| 大数据思维 | "大数据"与"小数据"的根本区别在于大数据采用的是全样思维方式，而小数据强调抽样。在全样思维模式下，研究事物时需要具备容错思维和相关性思维，前者强调能接受大数据结论的不完美，后者强调用大数据分析事物更在乎其关联性，而不是强调因果关系 | 大数据思维能提高金融研究的针对性和准确性。金融研究人员通过利用大数据思维可以在第一时间获得最新的全样本信息，降低了所使用样本信息的随机性和偶然性，从而提高了金融研究结果的说服力 |
| 智能化思维 | 智能化思维是在思考分析解决方案时，倾向于通过利用互联网、大数据、人工智能等技术设计智能化解决工具，来达到机器学习、预测、给出解决方案等目的，从而提高工作效率、降低成本、提高整个金融服务的普惠性 | 智能投顾，或称机器人理财，根据个人投资者提供的风险承受水平、收益目标以及风格偏好等要求，运用一系列智能算法及投资组合优化等理论模型，为用户提供最终的投资参考，并根据市场的动态对资产配置再平衡提供建议 |

［资料来源］笔者根据智富联盟集团高级讲师葛昱菲关于"金融思维方式"的演讲内容，结合金融行业案例自行整理编辑而得。

### 4.3.2 业内常用分析工具 ├─────────────────────────────

专业分析能力是一个人在其专业教育和相关工作经验的共同作用下形成的，对其分析目标进行推演、判断、预测及形成决策的能力。在现今这样的信息化时代，各类专业分析工具和软件的涌现为业内人士提供了更多样化的业务分析渠道，极大地提升了业内人士的分析效率，拓展了人们对专业事务分析的深度和广度，成了分析能力构建中不可缺少的一环。在金融行业中，最为常用的几类分析工具有金融企业内部数据管理系统、金融信息服务终端、金融财会类软件（此处略去不讲）以及金融统计与建模软件。

#### 4.3.2.1 金融企业内部数据管理系统

无论是大型金融集团还是中小微型金融机构，都拥有自己的企业内部数据管理系统，便于各部门员工对其所负责领域工作数据的分析、管理和维护。这类数据管理系统一般由金融企业联合第三方软件开发商联合定制，用于企业财务管理、客户资产管理、客户关系维护、金融产品营销、项目管理、风险控制等企业经营活动的数据录入、分析、预测及监控。在"大数据+金融"的发展趋势下，传统金融机构的基础设施已无法满足互联网时代快速增长的数据处理需求，而云计算的普及和系统复杂性的提高造成金融机构的风险隐患加剧，同时，阿里巴巴等数据驱动型企业在技术和数据资源上抢占先机，对传统金融机构的竞争威胁增大，这些因素共同推动着越来越多的金融机构的内部信息化建设急需从传统的数据管理方式和技术框架脱离出来。很多金融企业都意识到了这一点，纷纷利用第三方软件或自主开发大数据信息管理系统，搭建数据可视化平台，完善数据化的流程管理，构建金融 BI① 分析系统，从而逐渐填补金融机构传统数据管理方式无法达到的数据处理需求。

#### 4.3.2.2 金融信息服务终端

金融信息服务终端一般常为证券、期货、基金业的相关从业人士以及个人投资者所使用，它是集金融市场各类子市场行情信息、上市公司信息、场内交易的金融产品信息、宏观经济信息、市场资讯、研究报告等各类信息为一体的金融信息提供和分析平台。金融信息服务终端对来自交易所、数据提供商、资讯提供商的数据和资讯进行分类整合、筛选、加工、初步分析后，再呈现在终端软件的操作界面中，供用户对金融数据做进一步加工分析。同时，该类终端软件一般自带很多金融数据分析工具，诸如技术分析指标设置功能、选股工具、

模块四 金融企业内部环境中的职业能力构建

·115·

---

① BI（Business Intelligence）即商务智能，它是一套完整的解决方案，用来将企业中现有的数据进行有效的整合，快速准确地提供报表并提出决策依据，帮助企业做出明智的业务经营决策。

Excel 数据链接和分析模板、编程语言接口、图表输出等，让使用者在终端软件上就能对数据进行常规分析和整理。市场上提供金融信息终端的软件商很多，但较为主流且个人及机构用户数较多的金融终端提供商有万得、东方财富、同花顺、大智慧以及通达信（如表4-7所示），这些终端多数都同时支持免费版（普通版）和专业版，主要差别在于——使用免费版金融终端时，用户只能接触到金融市场公开数据和信息，而很多收费数据和功能都会受到限制；专业版金融终端的功能更为强大，但缺点在于费用昂贵，一般为实力较强的金融机构集体采购，用于组织内部相关岗位人员使用。

**表4-7　主流金融信息服务终端软件一览**

| 金融终端名称 | 开发商 | 软件特点 | 共同功能 |
|---|---|---|---|
| Wind 金融终端 | 万得信息技术股份有限公司 | ·覆盖全球金融市场的深度数据<br>·提供回报风险、估值预测、成分权重等指数分析数据，支持用户自定义指数计算<br>·支持全品种资产管理，提供丰富强大的组合监控与分析功能，实时动态监控组合盈亏与风险指标<br>·集成超过 100 万个宏观行业指标以及2 000 个模板<br>·支持 VBA，Matlab，R，Python 等多语言平台函数接口，让 Wind 数据与您的投研系统无缝链接 | 包括国内外主要股票、债券、期货、外汇、基金、指数、权证、宏观行业等多项品种的资讯和行情数据，并提供基本数据分析功能模块 |
| Choice 金融终端 | 东方财富信息股份有限公司 | ·提供基于个股的专题统计报表、财务预测与估值系统、估值计算器等分析工具<br>·提供债券期限结构、拆借分析、持有期收益分析等债券分析工具<br>·覆盖券商资管、私募、银行理财、信托、保险等多方面的理财产品数据<br>·提供组合数据浏览器，多维度查看投资组合盈亏、风险、持仓数据，并能自定义指标分析投资组合<br>·支持 Excel 函数和分析工具<br>·支持个性化的量化策略开发 | |
| 东方财富终端 | | ·提供资金流向跟踪、DDE 决策系统、增仓排名数据<br>·套利功能模块支持转债套利、分级基金套利、AH 套利、现金套利<br>·为投资者提供账户图形化分析报告 | |

表4-7（续）

| 金融终端名称 | 开发商 | 软件特点 | 共同功能 |
|---|---|---|---|
| iFind 同花顺金融数据终端 | 浙江核新同花顺网络信息股份有限公司 | ·提供非上市公司数据<br>·美股统计报表<br>·数据接口与数据提醒<br>·量化接口<br>·舆情监控功能 | 包括国内外主要股票、债券、期货、外汇、基金、指数、权证、宏观行业等多项品种的资讯和行情数据，并提供基本数据分析功能模块 |
| 大智慧365 | | ·提供龙虎榜功能，监控异动席位的买卖资金及换手率<br>·提供"慧搜"题材搜索功能<br>·支持全息盘口，提供500档行情，高速、全面地反映个股的成交方向和成交意愿<br>·TS时间序列功能<br>·SV资金流功能，实时跟踪控盘资金在板块、个股间流动情况 | |
| 大智慧大数据终端 | 大智慧信息科技有限公司 | ·业内领先的专业投行数据库，包括PE/VC、保荐、承销、上市、融资、资产重组、收购兼并等<br>·集成经济数据库（EDB）、商品数据库（CDB）和政务数据库（GDB）<br>·提供投资时钟模型、宏观/行业库存周期模型、行业PPI量化模型、行业SWOT模型<br>·独家提供人物数据，包含超过12万人的中国政府、金融及资本市场精英人物的背景、社会关系、动态数据，以及上市公司高管、基金经理、PE投资人等专题人物数据<br>·提供各类基础及衍生金融品种，包括股票估值、债券分析定价、可转债定价、国债期货CTD计算、衍生品套期保值、外汇换算工具、理财分析工具等 | |
| 通达信金融终端 | 深圳市财富趋势科技股份有限公司 | ·提供行业全景图，生产产业链构成、行业上下游关系的导向图，方便用户查看更详细的行业产业链，上下游关系以及相关的上市公司<br>·提供对行业板块的行业基本面分析功能，包括行业的投资逻辑、行业壁垒、供需情况、经营模式、上下游、周期性等分析<br>·支持行业收益率分析，统计行业及成分股近一月、近三月、近六月、近一年的收益率情况，并且预测相对于沪深300指数及行业的超额收益预测<br>·通过详细地归纳整理沪深A股的主营业务产品，形成行业品类分析，类似于主题投资，统计各品类的涨幅以及龙头股情况，并清晰展示各品类及成分股的关系图谱 | |

［资料来源］笔者根据各金融终端官方网站的软件简介整理编辑而得。

模块四　金融企业内部环境中的职业能力构建

### 4.3.2.3 金融统计与建模类软件

对于在金融企业中负责金融产品设计与开发、金融数学、量化投资研究、程序化交易、金融大数据研究、金融智能开发等工作的人员而言，统计与建模类软件是在其大量的数据和模型分析工作中不可缺少的分析工具。有意向在职业生涯发展中朝上述金融工作领域或是在金融学术研究领域发展的同学，掌握并灵活应用如表 4-8 所示的一项或多项金融统计与建模类软件，是其专业分析能力的基本体现。

表 4-8　金融领域常用统计与建模类软件一览

| 软件名称 | 软件简介 | 在金融领域的应用案例 |
|---|---|---|
| Excel | Excel 是由微软公司开发的一款电子表格软件，具备金融财务类办公常用的计算功能和图表工具，被普通大众广泛使用。Excel 除了自带的基本函数公式和数据处理功能以外，还拥有很强的扩展性，可嵌入金融建模相关模块，能和专业统计与计量经济软件一样对数据进行复杂处理 | · 金融类数据图表处理<br>· 基本财务分析<br>· 构建企业财务模型<br>· 项目风险分析<br>· 基于 NPV 的估值分析<br>· 债券相关函数计算与分析<br>· 期权定价模型构建<br>· 投资组合分析及模型优化<br>· 在险价值的计算 |
| EViews | EViews 是在大型计算机的 TSP（Time Series Processor）软件包基础上发展起来的一款处理时间序列数据的计量经济学软件。EViews 能提供复杂的数据分析、回归及预测工具，它由经济学家开发并主要应用于经济领域的相关分析 | · 应用经济计量学<br>· 总体经济的研究和预测<br>· 销售预测<br>· 财务分析<br>· 成本分析和预测<br>· 蒙特卡罗模拟<br>· 经济模型的估计和仿真<br>· 利率与外汇预测 |
| SPSS | SPSS 全称为"统计产品与服务解决方案"，是 IBM 公司推出的一系列用于统计学分析运算、数据挖掘、预测分析和决策支持任务的软件产品及相关服务的总称。SPSS 的基本功能包括数据管理、统计分析、图表分析、输出管理等。SPSS 统计分析过程包括描述性统计、均值比较、一般线性模型、相关分析、回归分析、对数线性模型、聚类分析、数据简化、生存分析、时间序列分析、多重响应等几大类 | · 金融企业相关分支机构客户数据挖掘及分析<br>· 运用 SPSS Modeler 构建保险理赔反欺诈模型 |

表4-8(续)

| 软件名称 | 软件简介 | 在金融领域的应用案例 |
|---|---|---|
| Stata | Stata 是由美国计算机资源中心研制的一款功能强大且操作灵活简洁、易学易用的统计分析软件。它同时融合了数据管理软件、统计分析软件、绘图软件、矩阵计算软件和程序设计软件的特点。除此之外，Stata 软件开发方提供了大量且即时更新的网络资源和出版品，在其 Statalist 社区中的全球使用者会每月交替提供大量软件使用讯息和编写程序 | ·城市经济增长分析<br>·金融子市场间的价格联动关系分析<br>·构建 ROE 与股权集中度关系模型 |
| SAS | SAS 是全球最大的软件公司之一，而 SAS 系统在国际上现已被誉为统计分析的标准软件，在各个领域得到广泛应用，尤其是在北美金融领域，SAS 被用于大部分金融机构。SAS 是一个模块化、集成化的大型应用软件系统，该系统可分为 SAS 数据库部分、SAS 分析核心、SAS 开发呈现工具、SAS 对分布处理模式的支持及其数据仓库设计四部分。它由数十个专用模块构成，功能包括数据访问、数据储存及管理、应用开发、图形处理、数据分析、报告编制、运筹学方法、计量经济学与预测，等等 | ·SAS 金融数据挖掘与建模<br>·金融优化问题实现方法<br>·基于大数据构建信用评分模型<br>·金融机构客户满意度及流失原因分析<br>·SAS 监管风险管理<br>·多维度计算风险度量，进行资本规划与分配管理<br>·可视化探索金融风险 |
| Gauss | Gauss 是一种可互动或批次编译的矩阵程序语言及绘图软件包，能提供一个内部相互作用的分析环境，它被科学家、工程师、统计学家、金融分析家、生物学家和其他科技工作者用于解决各种从基础的统计分析到大规模的实际问题，并逐渐成为大规模数据处理和复杂建模的标准。由于经济学和计量经济学计算所需的程序很多都包括矩阵，因而 Gauss 就成了该领域编程计算的非常有效和强大的工具 | ·对上海和深圳证券交易所每日收盘的综合股价指数及总交易量的数据进行处理应用 |
| S-Plus | S-Plus 最先是由美国 MathSoft 公司开发的一种基于 S 语言的统计学软件，是世界上公认的三大统计软件之一，主要用于数据挖掘、统计分析和统计作图，强调演示图形、探索性数据分析、统计方法、开发新统计工具的计算方法以及可扩展性。其最大特点在于它可以交互地从各方面发现数据中的信息，并可以很容易地实现一个新的统计方法。另外，S-Plus 的数据可以直接来源于 Excel、Lotus、Access、SAS、SPSS 等软件，其兼容性极好，可以整合到任何系统内 | ·S+FinMetrics 财经分析和金融风险控制<br>·对金融时间数列数据进行处理<br>·构建波动率模型<br>·构建杠杆效应模型<br>·构建风险效应模型 |

模块四 金融企业内部环境中的职业能力构建

表4-8(续)

| 软件名称 | 软件简介 | 在金融领域的应用案例 |
|---|---|---|
| Matlab | Matlab 是美国 MathWorks 公司出品的商业数学软件,用于算法开发、数据可视化、数据分析以及数值计算的高级技术计算语言和交互式环境。Matlab 可以进行矩阵运算、绘制函数和数据、实现算法、创建用户界面、连接其他编程语言的程序等,主要应用于工程计算、控制设计、信号处理与通讯、图像处理、信号检测、金融建模设计与分析等领域。其优点在于拥有高效的数值计算及符号计算功能、完备的图形处理功能、接近数学表达式的自然化语言以及功能丰富的应用工具箱 | · 现金流分析<br>· 随机模拟<br>· KMV 模型计算<br>· 期权定价模型与数值方法<br>· 固定收益工具分析及久期与凸度的计算<br>· 风险价值 VaR 的计算<br>· 期货或股票的技术分析图绘制 |

[资料来源] 笔者根据各类统计软件官方网站的软件简介整理编辑而得。

# 4.4 职场人际沟通能力构建

## 4.4.1 职场人际沟通概述

人际沟通是两人或多人之间的语言和非语言互动,这种互动过程表现为人们采用言语、书信、表情、通信等方式彼此进行的事实、思想、意见、情感等方面的交流,以达到人与人之间对信息的共同理解和认识,取得相互之间的了解、信任,形成良好的人际关系,从而实现对行为的调节。很多职场调查显示,人际沟通能力对于职场成功尤为重要,在任何一个企业组织中,其业绩体现都是多人或多部门协作完成的结果,这便要求每一位员工都能与他人进行有效合作。由于组织内部每一个成员的个性、工作方法、专业方向、行事风格等都存在差异性,而企业组织内部的协调运转则需要极大化地减少差异以及降低冲突感,因此,在专业能力相似的情况下,职场人际沟通能力越优者,越容易在企业内部竞争中脱颖而出。

### 4.4.1.1 职场内部沟通的类型与形式

一个组织内部的沟通类型可以分为正式传播与非正式传播,前者是围绕工作内容进行的沟通,具有明显的贯彻组织意图,服务于组织某种任务或目标的色彩;而后者则是以感情沟通为着重点的传播行为。无论是正式传播还是非正式传播的沟通类型,从传播方向和沟通走向上看,在企业组织中的人际沟通交流主要有三种形式:

(1) 自上而下的沟通:指在一个有等级的组织体系中,由上级向下级进行的信息传递。常见的自上而下的沟通信息包括命令、工作任务说明、工作

金融职业能力
培养与实训

目标、对员工的评价等。作为部门主管或单位中上层领导，在提高自上而下的沟通效率时，需注意使用员工可以理解的词汇，给员工有效履行职责提供充分的信息，并在批评时注意避免伤害批评对象的形象和自尊。

（2）自下而上的沟通：指在一个有等级的组织体系中，由下级向上级进行的信息传递。它主要表现为下级人员向上级领导表达意见和态度、反映情况、汇报工作等内容。作为单位基层工作人员，在提高自下而上的沟通效率时，需注意尽量减少和避免中间的层次，避免信息传递过程中的失真现象，以提高信息传递的精确度。

（3）横向沟通：指在一个有等级的组织体系中，机构之间、部门之间、成员之间的同级同类的横向信息交流。横向沟通能促进组织成员之间分享观点、信息和工作方法，是协调关系和行动、提高工作效率、解决实际工作问题的有效渠道，并且有助于培养组织的集体主义精神和建立组织成员之间的紧密关系。在与同级别员工进行横向沟通时，应保持全局观，认识到所有部门及其人员的重要性，谋求合作与竞争的平衡，多以增进合作和建立友好关系为目的来进行交流。

### 4.4.1.2 人际沟通风格

由于每个人都拥有不一样的性格、不一样的受教育背景和工作经验，在职场中所表现的职业人格也有不同的偏向，因而在沟通中便能体现出每个人独有的心理和行为特征，从而导致不同的口头表达或肢体表达特点。纵然人都具有多面性，但由于职场的特殊性，使得一部分不符合职场运作规则的个性被自觉隐藏，而使另一些符合职场各环节需求的个性被展示出来，因此在职场人际沟通中便容易形成一些常见的人际沟通风格。比如在一家证券公司中，从事证券研究或资产管理产品设计方面工作的人当中，属于分析型倾向的人较多；从事部门管理或总分公司、营业部管理的人当中，支配型倾向的人较多；从事总经理助理、客户咨询与维护、投资顾问等工作的人当中，随和型倾向的人较多；而从事证券经纪、证券产品营销等工作的人当中，表现型倾向的人较多。表4-9总结了上述这四种常见职场人际风格的典型心理特征、行为特征以及沟通特点。

表4-9　职场常见的四种人际沟通风格的典型特征

| 沟通项目 | 分析型 | 支配型 | 随和型 | 表现型 |
| --- | --- | --- | --- | --- |
| 注重点 | 准确、稳妥、过程 | 控制、竞争、结果 | 理解、合作、被接受 | 作秀、受欢迎、被称赞 |
| 长处 | 计划、系统、全盘考虑 | 善管理、开拓 | 善倾听、协作、善始善终 | 热情、愉悦、感染力强 |

表4-9(续)

| 沟通项目 | 分析型 | 支配型 | 随和型 | 表现型 |
|---|---|---|---|---|
| 弱点 | 过于注重细节、挑剔、应变力不强 | 不善倾听、无耐心、不重感情 | 过于敏感、不果断 | 不拘小节、专注力弱、不善执行 |
| 不喜欢 | 无条理、无规矩 | 无效率、优柔寡断 | 不重感情、遇事急躁 | 循规蹈矩、繁文缛节 |
| 对待压力 | 退缩、不服管 | 挑战、不服输 | 屈从、犹豫不决 | 玩世不恭、敷衍了事 |
| 决策时 | 反复审议 | 果断 | 与别人协商 | 凭感觉、直觉 |
| 害怕 | 被别人挑剔 | 被利用 | 突然变故 | 不讨人喜欢 |
| 获得安全感的手段 | 准备充分 | 控制别人或局面 | 友情 | 娱乐 |
| 衡量个人价值的方法 | 精确度 | 成效性、影响度 | 合群度、贡献度 | 认可度、受欢迎程度 |
| 语言和措辞倾向 | 注重过程、细节、喜欢提问 | 简练、概括、直截了当 | 委婉、中庸 | 张扬、容易跑题 |
| 语气、语调和语速倾向 | 沉稳严肃、热情不足 | 正式、犀利、有挑战性、语速适中 | 温和、商量的口吻、语速较慢 | 热情、激动、声音较大、语速偏快 |
| 身体语言倾向 | 仪表整洁、表情平淡、喜怒不形于色 | 表情严肃、动作有力 | 笑容可掬、小心翼翼 | 表情丰富、动作富有表现力 |

[资料来源]李家强.从职场新人到职场精英[M].北京:电子工业出版社,2015:112.

### 4.4.1.3 有效沟通的障碍

在人与人沟通过程中出现冲突、争执、不愉快或导致无效沟通结果的情况，都是因为沟通中潜藏着许多噪音或干扰。沟通中的噪音是指任何阻断或干扰信息流在发送者和接收者之间流动的因素，这些因素便是有效沟通的障碍。在企业组织内部的人际沟通中，有下列几种常见的沟通障碍：

（1）语义问题。人与人之间的大部分信息都是通过语言形式进行传递的，但由于不同的群体拥有不同的语言习惯，因此会导致即便是用相同的语言进行沟通，也会产生沟通障碍。特别是一些行业专用术语，即便是在同一组织机构，对于不同部门岗位的人而言，也会产生语义理解障碍。比如对于保险精算师来说，"损失分布"是其对保险风险控制的研究重点之一，但在保险销售员的工作内容中，却不用去理解"损失分布"的问题。

（2）信息过载。人的大脑在一定时间之内只能处理一定量的信息，然而由于互联网的发展，公开信息的数量呈爆发式增长，从各种电子媒介传送来的信息越来越多，使人们接收到的信息超过了其处理能力，这便是信息过载。比如工作中所接收的陈述材料过多、陈述信息过于复杂、陈述信息过快或者是陈述信息超出了听众的理解范围，又或者没有给予接收者足够的时间处理信息，这些情况都可能使信息接收者难以准确理解所接收信息的要点，从而做出适当反馈，造成沟通障碍。

（3）信息过滤。信息发送者由于存在主观意识，在传递信息时，可能会主动地对信息进行处理，使信息更容易被接收者接受，这种行为便是信息过滤。信息过滤有时能达到较好的效果，但有时由于发送途径、语调或文字格式的改编，可能会造成信息本意的歪曲，使沟通双方既没发送也没接收到真实的信息，阻碍信息传递的初衷。比如下属在汇报工作时，会为了自己的绩效或评级，有意识隐藏对自己不利的工作信息，导致管理层无法从工作汇报中获知基层工作的真实情况，从而可能造成其制定的战略方针或改革方案在一定程度上不符合实际工作需要。

（4）选择性倾听。在沟通中，不仅是信息发送者可能会过滤信息，信息接收者也会有意规避一些新的信息，特别是当这些新信息与其已有的信念发生冲突的时候，这就产生了选择性倾听的行为。比如接收者只会注意到管理者指令中与自己观点一致的部分，冲突部分可能被忽略或者被曲解，从而使接收者进一步强化自己原有的概念。

（5）地位差异。在一个垂直型组织结构的企业中，会有头衔、部门等象征性标志来表现等级差异，而不同层级的人由于刻意放大了这种地位差异带来的不平等感，从而阻碍或扭曲组织成员之间正常沟通的形成。比如上层领导的一些随意的措辞或想法可能会被下属夸大，又比如一个过于自负的执行官可能会忽视来自基层的客观中肯的评价或建议，这些情况便造成了职场层级之间的人际沟通障碍。

（6）时间压力。有限的工作时限会对工作形成时间压力，而时间压力有时会造成组织沟通系统短路，从而使组织已有沟通系统失灵。比如由于时间的紧迫性，导致某个环节或某个人被排除在沟通系统之外，这时便造成了沟通障碍。

（7）情绪化。现实生活中的人不是经济学理论中所假设的完全理性的人，而是拥有情感，可能产生难以被预测、被控制或被理解的情绪。情绪是人的一种表达方式，但情绪化的沟通会影响沟通双方对事情的客观判断。因此，在职场协商或商务谈判中，沟通双方都应尽量保持客观专业的态度，而将情绪化因素降到最低。若出现难以控制的情绪，则可以先暂停沟通，待双方都冷静后再继续进行，这样才能确保沟通的有效性。

## 4.4.2　倾听的技巧

倾听在人们发展和维持人际关系中扮演着重要的角色。有研究表明，在一个企业组织中，员工能否晋升，除了其专业能力水平以外，还取决于他们是否能有效地进行口头和书面表达、行为举止是否合适以及能否专注地倾听。因此，在职场中，拥有良好的倾听习惯和技巧对职场人际关系的建立和个人事业的发展都起着重要作用。然而很多时候，人们在倾听时普遍存在一些障碍，诸如出现走神、偏见和歧视、缺乏适当关注或在倾听过程中过早下结论等问题，导致人们在接收信息这一环节就发生了问题，以至于无法更好地对信息进行理解、记忆、评估和反馈，最终导致沟通失败。另外，倾听还应该随着环境的变化而变化，不同的环境、谈话对象、信息类型都需要不同的倾听方式。本部分将逐一分析四种不同的倾听方式和运用技巧，职场人士需要根据不同的情景有技巧地选择合适的倾听方式，来训练自己进行有效倾听的能力。

### 4.4.2.1 移情倾听和客观倾听

在大多数情况下，移情倾听是最受欢迎的倾听方式，即带着某种程度的共鸣去理解说话者的意思和感受。这种倾听方式能让说话者感受到你重视他人感受、能站在他人立场去思考问题，也有助于巩固自己与他人的人际关系。但在有些情况下，需要从客观的角度去衡量说话者对客观现实的看法和感情。这时，移情倾听并不是最合适的倾听方式，而是需要使用客观倾听的方式去获取信息。

以下方法是倾听者可用于进行移情倾听和客观倾听的技巧总结：

·在倾听过程中，学会从说话者的角度观察事情发生顺序，分析哪些事情是原因，哪些是结果；

·无论对上司、下级还是平级同事，尽量进行平等的、双向的谈话，鼓励坦率和移情，消除任何阻碍平等对话的客观环境因素或心理因素；

·不要打断说话者，避免插话行为，否则会让人觉得你讲的话更重要；

·尝试理解对方的想法和感受；

·避免"冒犯性倾听"，即不要从对方的话中寻找能够使你去攻击或反驳对方的只言片语，或是去寻找说话者的错误；

·倾听朋友或者竞争对手的谈话时，要尽量保持客观，警惕"期待性倾听"，即不要带着对谈话内容的预设或假想去倾听，因为这会使人忽略说话者所说的真实内容，而只听到自己想听的信息。

### 4.4.2.2 接受性倾听和批判性倾听

接受性倾听是指用开放的心态，消除偏见和歧视地去接收说话者的内容，而批判性倾听是指对接收的信息做出相应的评价或者判断。批判性倾听是对接受性倾听的补充，只有在通过接受性倾听接收到了完整全面的信息后，才能使用批判性思维对相关信息进行客观的评估和判断。

以下方法是倾听者可用于进行接受性倾听和批判性倾听的技巧总结：

·保持开放的心态，避免偏见，不要在未获得合理、完整的理解之前，就对倾听的内容做出积极或消极的评价；

·避免过滤或过分简化复杂的信息，在接收信息时，准备着随时根据新信息重新审视自己的观点；

·学会识别自己的偏见，否则偏见会曲解所接收的信息，妨碍有效交流；

·避免将信息突出化，即不要在倾听时，强调甚至美化信息的其中几个方面，因为信息中被突出的观点可能只是偶然性言论，不代表信息的完整性；

·学会意识到和识别言语中的谬误。

### 4.4.2.3 表层倾听和深层倾听

大多数情况下，人们在接收信息时使用的是表层倾听，即理解谈话内容的字面含义，或捕捉交流信息中最明显的意思。但有时，信息中往往会有其他隐藏含义，特别是对于一些喜欢使用委婉、暗示等表达方法的信息传递者，倾听他们谈话时就要注意使用深层倾听的方式，去挖掘信息中隐藏的其他含义。

以下方法是倾听者可用于进行表层倾听和深层倾听的技巧总结：

·倾听时同时关注语言信息和非语言信息（如肢体动作、眼神、表情等），识别出一致和不一致的信息，并利用这些信息冲突推断说话者的真实意图；

·关注内容信息和关系信息，即从人际关系的层面，识别说话者表达的实质是不是由人际关系冲突所致；

·关注说话者的自我陈述，因为人们不可避免地会谈及自己。在倾听过程中，关注这类关于陈述者的个人信息，是深度观察他人的机会。

### 4.4.2.4 积极倾听

积极倾听是一种沟通技巧，它不局限于默默倾听，而是在倾听的同时，对谈话内容适时做出开放式提问、鼓励、译意、反映感受以及总结等反馈性行为，其目的是清楚地表达自己对于说话者的内容的理解，促进说话者进一步理清自己的想法。

以下是帮助倾听者实现积极倾听的集中简单技巧：

·在倾听过程中适时地解释说话者的意思，用自己的话把你认为的说话者的意思和感受表达出来，这样既能帮助自己更好地理解说话者，也能让说话者感到你对他所传递信息的关注度和兴趣；

·在倾听时附和说话者表达出来的或隐含的感受，对说话者的感受表示理解，这会帮助说话者更客观地看待自己的感受；

·在倾听时学会适当地提出问题，提问能让你确认你对说话者的想法和情感的理解是否正确，同时还有可能因为提问而获得额外的信息。

### 4.4.3　提问的技巧

如果学会有效倾听是良好处理人际沟通的前提，那么，能适当适时地提出问题则能促进交流朝更深层次、更多样化的方向进行，最终形成更优的沟通结果或解决方案。一般情况下，若按提问形式进行分类，可分为开放式问题和封闭式问题。开放式问题即没有固定答案的问题，而封闭式问题是指有固定答案或固定选择的问题。若按提问内容进行分类，可分为事实型问题和想法型问题。事实型问题是指存在客观答案的问题，而想法型问题则指答案取决于被问者主观想法的问题。将问题的形式和内容相结合，则可组成四种提问类型，如图4-8所示。

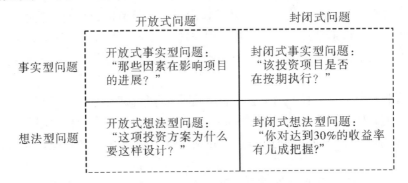

图 4-8　四种提问类型

[资料来源] 李家强. 从职场新人到职场精英［M］. 北京：电子工业出版社，2015：135-138. 图表为笔者根据相关资料内容整理绘制而得。

在进行沟通时，上述四种提问类型都具有各自的特点——开放式事实型以及封闭式事实型问题的答案都具有客观性，但对于这类问题的答案，提问者其实也可以从其他渠道获取，不同的人都能得出相同的答案，体现不出沟通结果的差异性。封闭式想法型问题的答案会因人而异，但由于封闭式回答过于笼统和简洁，无法体现想法的过程；而开放式想法型问题相较而言更具启发性，其答案不仅会对提问者有较大启发，同时也会帮助被问者更深入地思考，从而有利于双方的成长和关系的变化。因此，在沟通中，提问通常从事实型问题开始切入，但尽量控制问事实型问题的时间，将更多的沟通时间放在想法型问题上。如果存在适当机会，尽量向对方提出开放式想法型的问题更能促进人际沟通有效进行，使沟通双方在问答过程中获得启发。

### 4.4.4　非语言沟通策略

非语言沟通是指通过除语言以外的方式传递信息或表达情感的沟通方式，比如通过肢体动作、眼神、表情、空间利用、触摸等方式交流信息。相较于语言沟通，非语言沟通具有无意识性、情境性、可信性以及个性化的特点。无意识性是指个人的非语言行为更多的是一种对外界刺激的直接反应，并不是刻意做出的举动；情境性是指非语言沟通存在于特定的语境中，情境左右着不同非语言行为的含义；可信性是指多数非语言行为都是人的无意识举动，不易做假，不像语言信息那样受理性意识控制，因此更容易表现出个人的真实意图；个性化是指非语言行为与行为人的个人性格、气质是紧密相连的，所以容易体现其个性特色。

由于非语言沟通有其无意识性，容易在人际沟通过程中展现出来，若出现得不合时宜，则可能阻碍有效沟通的进行，或给人留下不好的印象，所以，在处理人际沟通问题时，让自己具备一些非语言沟通策略能有效地促进人际关系的良性发展。

·了解自己的哪些行为举止传递的是厌烦的情绪，并注意在沟通中有意识地避免这种行为的出现，学会保持语言和非语言行为的一致性。

·学会挑选合适的时间，全神贯注地与他人交流，避免在自己或沟通对象处于忙碌或注意力无法集中的状态时进行交流。

·提前了解不同文化背景下的风俗习惯，避免自己的言行举止无意中冒犯他人。

·规定自己参加会议期间或在正式的社交场合中，将手机静音，并尽量不收发短信、微信、接打电话，除非是紧急或重要来电。

·在职业生涯中，尽可能避免出现违反职场明文规定禁止的行为，比如迟到、早退、不准时赴约等，因为无论什么原因，这些行为结果都容易让自己被贴上"自律性低""容易食言"等负面标签。

·注意不要在沟通中习惯性地点头，而是只有在同意对方观点时才做出点头认同这样的肢体行为，以确保说话者准确理解你对所谈论问题的看法，避免引起歧义或给别人造成敷衍的印象。

### 4.4.5　人际冲突解决方案

人际冲突是指个人与个人之间、个人与群体之间以及群体与群体之间由于存在互不相容的目标、对立的认知或情感而产生的紧张状态。冲突是组织生活的一部分，组织中的每个人都可能具有与他人不一致的目标，或为了同一目标形成竞争关系，这时，人际冲突就会自然而然地发生。人际冲突对于组织管理来说，并不是只能产生消极或破坏作用的沟通方式，在处理得当的情况下，人际冲突也可以导致创造性、创新性的问题解决方案。如果冲突的结果能提高参与率、提高凝聚力、促进发明和创新、促进个人成长和变化、明确组织中的关键问题、明确组织的价值，有利于组织或个人取得预期目标，那么则可以将这种人际冲突定义为积极的冲突。

　　组织行为管理学者在比较人际关系的重要性和目标的重要性的基础上，针对企业组织中的冲突管理提出了对抗、回避、迎合、合作、妥协五种常见的冲突解决方案，如图 4-9 所示。其中，对抗也称为强迫，即在竞争中不惜一切代价来实现自己的目标，即便以损失人际关系为代价，这是一种"我成你败""非赢即输"的冲突解决方式；回避是指在冲突的情况下采取退缩或

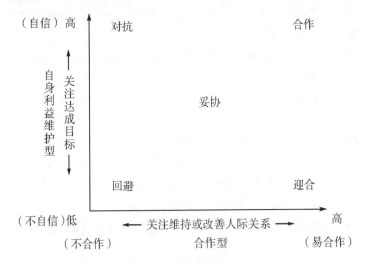

**图 4-9　人际冲突解决方案**

［资料来源］SUZANNE C DE JANASZ, 等. 职场沟通自修课［M］. 孙相云，等译. 中国人民大学出版社，2017：187. 笔者结合相关理论对资料原图进行修改而得。

中立的倾向，期待并相信问题会自动消失或自动解决；迎合也称为圆滑或平滑解决方案，即在冲突的情况下尽量弱化冲突双方的差异，更强调双方的共同利益，更注重保持人际关系，而不是解决实际问题；合作是指冲突双方愿意共同了解冲突的内在原因，分享双方的信息，共同寻求对双方都有利的方案；妥协是指冲突双方互相让步以达成一种协议的局面。上述五种方案中，尽管合作策略看起来属于最理想的人际冲突解决方案，但它并不适合于所有情况。事实是，五种方案都有各自的优缺点（如表 4-10 所示），都有其适合使用的情境。

表 4-10　人际冲突解决方案利弊分析

| 解决方案 | 优点 | 缺点 |
|---|---|---|
| 对抗 | ·可能获得完全的胜利<br>·体验到个人的权力 | ·有可能失去一切<br>·与他人疏远，使其他人不愿意和你一起工作<br>·潜藏着更大的冲突 |
| 回避 | ·无须花费任何精力和时间<br>·为更重要的冲突保存实力 | ·失去创造性的方案<br>·不了解他人的需要<br>·缺乏对环境问题的真正理解 |
| 迎合 | ·不会导致混乱状况的出现<br>·其他人会认为你容易相处<br>·可以把精力储存起来以应对其他问题 | ·缺乏自己的主张<br>·失去主导权力<br>·难以对局势做出应有的贡献<br>·依赖你的人会认为你不为他们着想 |
| 合作 | ·容易达到双赢<br>·有可能长期解决问题<br>·维持良好的人际关系<br>·提高方案和协议的质量 | ·从短期看耗费时间和精力<br>·容易失去自主权 |
| 妥协 | ·双方都有所得也有所失<br>·和睦相处<br>·能鼓励后续寻求新解决方案 | ·双方都未得到彻底满足，冲突可能还会继续存在<br>·双方都无法获得完全的决定权 |

［资料来源］SUZANNE C DE JANASZ，等. 职场沟通自修课［M］. 孙相云，等译. 北京：中国人民大学出版社，2017：190-191.

# 4.5　团队合作及领导能力构建

## 4.5.1　团队合作的意义及其重要性

在现代企业组织中，所谓团队是指为了实现特定目标而由相互协作的两个或两个以上的个体按照一定规则所组成的正式群体。有效的团队合作已成为当今企业管理实践的基本组成部分，和谐的工作关系与良好的团队合作将有助于提高员工士气和工作绩效。同时，由于社会分工细化，很多工作越来越无法由一个人完成，需要劳动力多样化的群体或有一定数量的群体共同协作，才能在规定时间内达成工作任务目标。具体而言，团队合作的重要意义主要体现在以下五个方面：

### 4.5.1.1　提高企业生产力和创新能力

团队运作将会把组织的生产力水平提升到比个体分工合作更高的水平，其主要原因在于团队将个体之间互补的能力结合到一起。同时，将理念不同、观察问题的视角不同以及专业技能不同的个体集合起来，容易产生一种协同优势，在思想碰撞中产生创新的想法和问题解决思路，从而使企业的整体创新能力得到提升。

### 4.5.1.2 提高问题解决能力和决策质量

相较于个体成员独自发现问题、解决问题所花费的时间和精力，一个精心挑选的团队在问题解决能力方面能表现得更有效率。团队成员有着不同的家庭及教育背景和工作经验，可以从不同的角度和利益考虑问题，若配合得当，则能很好地把工作整合起来。同时，由于团队中成员能提出更多样化的想法，使替代方案相较于个人来说更为丰富从而让团队决策得以优化，提升决策质量。

### 4.5.1.3 提高经营和服务品质

研究显示，在一些层次及部门较为复杂的大型企业中，只要实施团队管理，则在劳动生产率、员工对工作的责任感、完成工作的即时性、工作效率、客户服务及客户满意度等方面都会有明显的改善。因此，在负责同样的工作时，与个人或缺乏共同目标的群体相比，团队合作更有可能提高企业经营和服务的品质。

### 4.5.1.4 促进企业内部人际沟通

在有层级分布的企业组织中，传统的工作沟通方式更倾向于自上而下的单向沟通，以及自下而上的服从。但在一个基于团队的组织中，沟通是多向的，甚至可以超过组织范围进行沟通，目的只为达成团队工作目标及解决问题。团队需要通过语言和非语言行为来进行合作，且团队成员在团队责任感的驱使下，会在一定程度上消除个人影响或减少个人利益，在采取行动之前都必须考虑团队其他成员。因此一个高效的团队一定具备充分的信息和理念来促进团队内部以及团队与组织之间的沟通。

### 4.5.1.5 提高员工积极性和忠诚度

团队合作可以改变员工的行为和态度。与独立工作相比，团队鼓励容易形成一种相互信任的氛围，它可以使员工更加感觉到自己是组织的一员、对问题有共同决定权，从而感觉到自己对工作和组织是有影响力的。这种由团队合作形成的个人归属感能在工作中极大地调动员工的积极性，使企业员工之间更加和谐，对组织更加忠诚。

## 4.5.2 企业组织中的团队类型

团队的属性并不是单一的或固定不变的，一个企业会根据自己的各种实际需求而构建不同的团队类型，以满足其在不同时期、不同项目、不同经营目标上的临时性或长久性需求。本部分主要介绍五种在企业中比较常见的团队类型及其特征。

### 4.5.2.1　问题解决型团队

问题解决型团队一般是企业临时组建的短期团队，用于解决组织面临的一个或多个特定问题或完成特定项目方案，比如开发一种产品、承担一项新服务、开创一个内部管理系统等。问题解决型团队的成员通常是对任务领域有浓厚兴趣或具备该任务所需专业技能的人士，一般由来自企业组织中同一个部门或者专业领域的成员构成，且团队持续期较为短暂，会随着问题的解决或项目的完成而解散，然后为解决另外的问题重组新的团队。问题解决型团队在当今企业中非常普遍，比如金融企业的营销部门在进行细分市场扩张时，会从营销部挑选几名员工组成团队，临时负责某一个具体地域范围的理财产品宣传任务。与聘请外单位顾问或者雇用合同工相比，依靠此类团队解决问题的成本更低，且企业可以根据其需求变化以及已有员工的兴趣和专长自主重新分配资源。

### 4.5.2.2　科研型团队

在大部分集团型金融企业组织结构中，通常都存在科研型团队，或者产品研发团队、研究团队。建立这类团队的目的是集中公司内部的研发群体，一起协作开发新产品或服务项目。一般情况下，企业组织会为科研型团队清除各种官僚主义障碍和层级沟通困难，以便于团队成员能专注于进行高效研发工作，为企业产品和服务予以创新支持。

### 4.5.2.3　多功能型团队（跨职能团队）

多功能型团队也可以称为跨职能团队，通常是由来自不同职能部门或不同专业工作领域的个体构成的团队，其团队协作的目的是共同完成某项需要部门间协作的特定任务。多功能型团队是一种有效的团队管理方式，它能使组织内不同领域员工之间交换信息，激发产生新的观点，解决面临的问题，协调复杂的项目。但是多功能型团队在其形成的早期阶段需要耗费大量的时间，因为团队成员需要学会处理复杂多样的工作任务，并且，在那些背景、经历和观点不同的成员之间，建立起信任并能真正合作也需要一定的时间。

### 4.5.2.4　自我管理型团队

自我管理型团队，也称自我指导团队，团队里的成员在保留原有组织岗位和工作的情况下，接受上级布置的长期任务，比如雇佣新成员、负责内部培训、安排会务等。自我管理型团队，保留了工作团队的基本性质，但运行模式方面增加了自我管理、自我负责、自我领导、自我学习的特征。即在自我管理型团队中，每个团队成员对自己的工作成果负责；每个团队成员监控并管理自己的业绩；每个团队成员积极寻求公司的指导、帮助和资源；每个团队成员积极帮助他人改善业绩。

#### 4.5.2.5 虚拟团队

虚拟团队是为满足组织快速协调各地区成员的迫切需要而产生的，主要是指在被物理距离分隔开的时候，团队成员依赖于互动式科技一起工作。因此，虚拟团队存在四个方面的特征：第一是作为一个团队，其成员应和其他类型团队一样具有共同的目标；第二是虚拟团队成员的地理位置和工作时间具备离散性；第三是团队成员会采用电子沟通的方式进行基本交流和协同工作；第四在于虚拟团队具有宽泛的组织边界。

### 4.5.3 团队角色定位

在进行团队协作之前，首先要对自己所在团队中的自我定位和其他成员的角色定位有一个清楚的认知，因为每一种团队角色其实就是一种行为模式、成员间互动方式的集合，团队角色的表现好坏会促使或阻碍团队作为一个整体的进步。剑桥产业培训研究部前主任贝尔宾博士及其研究团队的团队角色理论认为，一支结构合理的团队应该由九种角色组成（如表4-11所示），其中任何一种角色都对团队具备贡献点，但同时也伴随着可以接受的缺点。一个团队成员身上可能会同时符合几种团队角色的特性，但很少有成员能够同时具备九种团队角色的特征。

表4-11 贝尔宾团队角色定位

| 团队角色 | 对团队的贡献 | 可容许的缺陷 |
|---|---|---|
| 创新者 | 富有创造力、想象力、不循规蹈矩、善于解决复杂问题 | 忽略细节，对有效沟通不敏感 |
| 资源调查者 | 外向、热情、乐于沟通、善于探索机会、建立联系 | 过分乐观，一旦热情消失则立即失去兴趣 |
| 协调者 | 成熟、自信，是很好的领导，能认清目标、促进决策、善于授权 | 容易被视为操纵者 |
| 塑造者 | 挑战性、充满活力、将压力变为动力、具有克服困难的动力和勇气 | 易挑衅他人，伤害他人感情 |
| 监督评估者 | 冷静、战略思维、目光敏锐、能从所有备选方案中准确地做出判断 | 缺少激励他人积极性的能力 |

表4-11（续）

| 团队角色 | 对团队的贡献 | 可容许的缺陷 |
|---|---|---|
| 团队合作者 | 有合作精神，温和、理解力强，善于社交、倾听，避免摩擦 | 在关键情况下缺乏主见 |
| 执行者 | 纪律性强、可靠、保守、高效，善于把想法付诸实际行动 | 有些不灵活，对新的可能性反应缓慢 |
| 完成者 | 不辞劳苦、谨慎、焦虑，善于排除失误与疏忽，按时完成任务 | 易于不适当地忧虑，不愿授权于人 |
| 专家 | 思想单一、信息独享、专注，能在专业领域提供有深度和广度的知识和技能 | 局限于技术和专业领域，其贡献可能只集中在某一狭窄的前沿 |

［资料来源］LAURIE J MULLINS, GILL CHRISTY. 组织行为学精要［M］. 3 版. 何平，等译. 北京：清华大学出版社，2015：293-294.

贝尔宾团队角色理论主要帮助团队成员进行自我认知和定位，促使其了解合作伙伴，从而能在最大化员工在团队中的效能、帮助选拔团队人才、组建高业绩团队、化解工作冲突、帮助团队新人提升知人善任的能力、促进新老团队融合等方面进行应用。

## 4.5.4 团队决策

大部分企业组织内部在针对某一个工作问题制定解决方案时，其方案的最终决策几乎都是通过委员会、团队、任务小组或者其他类型的工作群体做出的。企业管理中需要解决的问题总是复杂而多变的，并且解决方案的制定需要各个领域特定专业的支持，而这些支持资源通常都不是由一个人掌握的，再加上一个决策必须代表整个组织多数派的目标和利益，才能被组织中的每个部门和单位接受和执行，这使得一个团队管理者会花费大量时间处理和协调团队决策问题，解决组织内部的利益相关者的冲突，并使其达成决策的共识。

### 4.5.4.1 个人决策与集体决策的对比

和个体相比，集体需要更长的时间才能做出决策，但由于一个集体拥有不同背景、特长和专业的成员，他们的思维相互影响、促进和碰撞，通常能带来更好的决策。大量研究显示，超过五人的集体达成的共识，要比个体、少数服从多数或是领导者单独决策更加有效。

在企业可能面临的各类型决策中，非程序性决策时最适合集体或团队共同做出的决策类型。这类决策一般是指决策者对所要决策的问题无法可依、无章可循、无先例可供参考，是非重复性及非结构性的决策，具有偶发性、开创性、难以量化、不确定性等特征，因此不能用固定程序和常规办法处理。

表4-12对比了企业在面临非程序性决策时，个人决策和集体决策的优劣势。

**表4-12　非程序性决策过程中的个人与集体决策效果对比**

| 决策过程 | 个人决策与集体决策对比分析 |
|---|---|
| 确定目标阶段 | 集体决策优于个人决策，因为集体拥有更多的智慧 |
| 寻找方案阶段 | 团队成员的个人努力有利于在组织各工作领域进行更广泛的搜索 |
| 评价方案阶段 | 团队的集体评判会有更宽的视野，比个人决策者有更广的思维空间 |
| 选择方案阶段 | 在选择上达成集体共识比个人做出的选择有更高的接受度，但也会让每一个团队成员承担更多的风险 |
| 实施方案阶段 | 无论是个人决策还是集体决策，在最终确立实施时都是由个体管理者来定论的，因此，个体管理者对决策的执行结果负有责任 |

[资料来源] JAMES L GIBSON，等. 组织：行为、结构和过程 [M]. 14版. 王德禄，等译. 北京：电子工业出版社，2015：443.

从上述分析中可见，决策的大部分环节对集体的需要胜过对个人的依赖，个人决策虽然比集体决策的制定更为迅速，但在决策质量上通常无法超过集体。因此，在处理一个复杂问题或非程序性问题时，使用的方法越接近共识决策，其决策质量就可能越高。

### 4.5.4.2　团队决策方法

团队决策并不是指一群团队成员无组织地竞相表达自己的观点，并对到底选择哪一种观点进行争论——这样无序地进行团队讨论会降低团队决策的效率。在团队管理中，采取一些必要的方法技巧（如表4-13所示），能使团队决策的执行过程更加有效。

**表4-13　团队管理中常用的群体决策方法**

| 团队及群体决策法 | 具体实施步骤 |
|---|---|
| 头脑风暴法 | （1）所有的人无拘无束地提出意见，越多越好，越多越受欢迎；<br>（2）通过头脑风暴产生点子，把它公布出来，供大家参考，让大家受启发；<br>（3）鼓励结合他人的想法提出新的构想；<br>（4）参与成员不分职位高低，都是团队成员，平等议事；<br>（5）不允许在点子汇集阶段评价某个点子的好坏，也不许反驳别人的意见 |

金融职业能力
培养与实训

表4-13(续)

| 团队及群体决策法 | 具体实施步骤 |
|---|---|
| 德尔菲法 | (1) 由工作小组确定问题的内容，并设计一系列征询解决问题的调查表；<br>(2) 将调查表寄给专家，请他们提供解决问题的意见和思路，专家间不沟通，相互保密；<br>(3) 专家开始填写自己的意见和想法，并把它寄回给工作小组；<br>(4) 处理这一轮征询的意见，找出共同点和各种意见的统计分析情况；将统计结果再次返还专家，专家结合他人意见和想法，修改自己的意见并说明原因；<br>(5) 将修改过的意见进行综合处理再寄给专家，这样反复几次，真到获得满意答案 |
| 名义小组法 | (1) 组成一个小规模的决策群体，一般以 7~10 人为宜；<br>(2) 将需要决策的问题呈现给群体成员；<br>(3) 群体成员单独写下自己的观点和解决方案；<br>(4) 群体成员逐个表达自己的观点和方案；<br>(5) 将所有成员的意见用简明的语言列出来；<br>(6) 针对每一条意见进行讨论或澄清其中的问题；<br>(7) 每个群体成员单独将这些意见按照自己的偏好排出顺序；<br>(8) 将群体成员的排序情况汇总，排序在前面的意见作为群体决策的方案 |
| 阶梯法 | (1) 先由团队中的两个成员 A 和 B 分别进行单独决策；<br>(2) 综合成员 A 和 B 的决策内容，与成员 C 的个人决策进行比较；<br>(3) 综合成员 A、B 和 C 的决策内容，与成员 D 的个人决策进行比较；<br>(4) 综合成员 A、B、C 和 D 的决策内容，与成员 E 的个人决策进行比较；<br>(5) 按上述方法不断叠加群体成员的个人决策，使团队中每个成员都有独立决策且不受别人干扰的机会，直至最终的团队决策将所有个人决策综合完为止 |

[资料来源] 笔者根据表格中各项决策方法的百度百科词条内容整理而得（baike. baidu. com）。

## 4.5.5 团队领导力

领导力是一个人在进行团队管理和关系处理过程中所体现的一系列行为和个性的组合。它不是一种职务或岗位能力，也不是少数中高层管理才具有的特权专利，而是个体潜能中可能被开发和塑造出来的一种积极互动、目的明确的行动力。具体而言，领导力就是能有效引导团队或组织成员去实现目标的能力，它包括领导技巧、授权与管理能力、与团队员工的人际关系能力、冲突管理能力、团队建设和维持能力、战略目标制定和决策能力、组织变革和创新的能力等。因此，也可以将领导力视为一种特殊的人际影响力，使团队组织中的每个人相互影响，共同推动团队向既定目标前进，从而使团队能形成一个能有机运作的系统。

#### 4.5.5.1 有效领导的特质

特质理论认为，领导者一般都具备一些共有的个性特质，将其与追随者区别开来。有效的领导者不一定要具备很高的智商才能成功，而是需要有正确的特质和机会，领导才能有效。这些特质包括个性、动力和能力，如表 4-14 所示。但值得注意的是，并不是只有具备表 4-14 所示特质的人才可能成为有效的领导，毕竟一个人潜在的重要特质极其多样化，并受到环境和其他因素的影响。因此，随着团队或组织的发展与变革，总是会有新的特质出现并作为有效领导特质的体现。

表 4-14　有效领导相关特质参考

| 个性特质 | 动力特质 | 能力特质 |
| --- | --- | --- |
| 精力旺盛 | 社会化权力导向 | 人际交往技巧 |
| 抗压能力强 | 对成就的需求强烈 | 认知技巧 |
| 自信 | 做事的主动性高 | 工作所需的专业技能 |
| 心理成熟 | 说服力强 | |
| 诚实 | | |

[资料来源] JAMES L GIBSON，等. 组织：行为、结构和过程 [M]. 14 版. 王德禄，等译. 北京：电子工业出版社，2015：293.

#### 4.5.5.2　以工作和员工为中心的领导力塑造

对于领导力类型，研究者们通过面试大量领导者和员工，确定了在一个组织体系中通常存在两种截然不同的领导风格，即以工作为中心的领导者和以员工为中心的领导者，而两者兼具的领导者却相对较少。以工作为中心的领导者总是着眼于完成工作，密切关注工作的完成情况，这种领导倾向于采用高压、奖惩制度影响下属和团队成员的行为及表现；而以员工为中心的领导者则更关注做工作的人，并且相信通过授权能使下属或团队成员感觉到在一个被支持的工作环境中工作，使员工在其需求得到满足的情况下自愿跟随。若要做到工作与员工两者兼备，则其领导力的塑造会面临更复杂的需求及需求间的协调，这些需求包括任务的需求、团队维护的需求和个体需求（如图 4-10 所示）。领导者在图中所示的任意一个需求领域所采取的行动都将影响一个或多个其他需求领域。最理想的领导力便是能满足三个需求领域完全整合后的需求，即图中三个圆圈彼此重叠部分所体现的需求。只有当领导过程实现了工作任务、团队维护和群体成员个人的共同目标，才能称之为对组织全面发展有效的领导力。

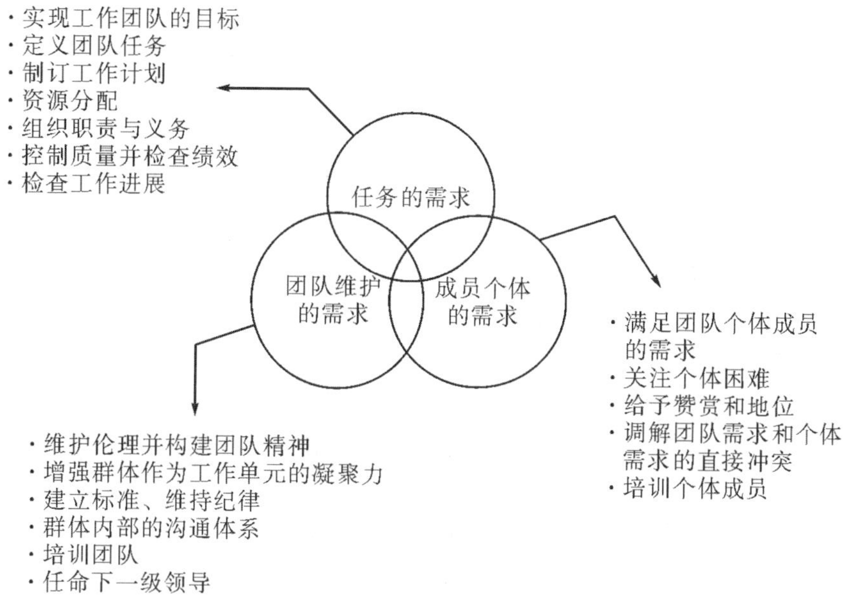

- 实现工作团队的目标
- 定义团队任务
- 制订工作计划
- 资源分配
- 组织职责与义务
- 控制质量并检查绩效
- 检查工作进展

任务的需求

团队维护的需求　成员个体的需求

- 满足团队个体成员的需求
- 关注个体困难
- 给予赞赏和地位
- 调解团队需求和个体需求的直接冲突
- 培训个体成员

- 维护伦理并构建团队精神
- 增强群体作为工作单元的凝聚力
- 建立标准、维持纪律
- 群体内部的沟通体系
- 培训团队
- 任命下一级领导

**图 4-10　领导力对团队内部需求的协调**

［资料来源］LAURIE J MULLINS, GILL CHRISTY. 组织行为学精要［M］. 3 版. 何平, 等译. 北京：清华大学出版社，2015：325. 图表为笔者根据相关文字资料整理绘制而得。

### 4.5.5.3　团队领导力自测

能力的培训不仅需要强调策略和技巧，还需要强调方法的灵活性和诊断能力。对于团队领导的开发与塑造也是如此，在构建领导能力之前，先要对现阶段的自己是否具备相关领导潜能有一个基本的诊断。表 4-15 从愿景、榜样、关系、激励、授权和沟通六个方面设计了一系列自测问题，以帮助有抱负的领导者发现自己是否具备一个综合领导力所需的必要成分。

**表 4-15　团队领导力自测表**

| 项目 | 判断自己的行为是否与下列问题所描述的一致 | 是 | 否 |
|---|---|---|---|
| 愿景 | （1）你是否在组织的所有层级对所有员工努力沟通自己的想法和愿望？ | | |
| | （2）你是否理解如果员工参与你的计划，你的愿景必须在情感和实践层面对他们有吸引力？ | | |
| | （3）你是否了解你的组织文化与价值观对团队未来发展的影响？ | | |
| | （4）你是否能认清死胡同，而不是在绝路面前仍固执己见？ | | |

表4-15（续）

| 项目 | 判断自己的行为是否与下列问题所描述的一致 | 是 | 否 |
|---|---|---|---|
| 榜样 | （1）你是否在作为榜样时言行一致？ | | |
| | （2）你是否能对所有组织问题负责，即使这些问题并不是你的直接责任范畴？ | | |
| | （3）当你的员工遇到工作压力时，你是否会有时一起参与？ | | |
| | （4）你是否经常衡量你眼中的自己？ | | |
| 关系 | （1）你是否努力在你的组织中反对"小集体"或"小群体"文化？ | | |
| | （2）你是否能设定清晰的行为规范，并采取行动反对破坏规范的行为？ | | |
| | （3）你是否强调每一个人都要对他们所属团队的成功做出贡献？ | | |
| | （4）你是否能当众承认自己所犯的错误？ | | |
| 激励 | （1）你是否能理解每一个成员具有不同的激励因素？ | | |
| | （2）你是否能解释你的决策给组织和其他成员带来的利益？ | | |
| | （3）你对员工和团队的成绩是否给予祝贺和奖励？ | | |
| | （4）你在奖惩机制中，是否更倾向于奖励而不是惩戒？ | | |
| 授权 | （1）你是否相信，当你的成员在工作中被赋予更大的责任时，他们会响应良好？ | | |
| | （2）你是否对员工培训与发展给予足够的资源？ | | |
| | （3）当你的团队成员设定并实现他们自己的目标时，你是否感到开心？ | | |
| | （4）你是否能做到当你不在团队中时，组织仍然运行良好？ | | |
| 沟通 | （1）你是否使用你的影响力，在你的组织里的所有层面鼓励双向沟通？ | | |
| | （2）你是否鼓励成员多接触沟通、训练人际关系技巧，而不是只注重于各自专业领域？ | | |
| | （3）你是否鼓励多样化的意见和建设性的批评？ | | |
| | （4）你是否在与成员沟通时做到言行一致？ | | |

［资料来源］LAURIE J MULLINS, GILL CHRISTY. 组织行为学精要［M］. 3版. 何平，等译. 北京：清华大学出版社，2015：352. 该自测表为笔者根据相关资料内容重新设计而得。

# 【实训项目六】 金融企业内部职能角色互动实训

## ■实训目的

1. 通过对金融企业内部团队角色的工作任务分配和执行，让学生能对自己的职业人格有更清晰的认知和定位，并执行与职业人格特征相匹配的专业行动。

2. 通过建立并组织金融团队工作，训练团队领导者的领导管理能力，以及培养团队成员之间的人际沟通和协作能力。

3. 通过构建金融产品设计与营销方案，训练团队职能角色的金融数据搜集整理能力、金融思维以及金融市场分析能力。

4. 通过制定个人投资或理财方案以及个人业务拓展方案，训练个人职能角色的专业分析能力和单独作业能力。

## ■实训要求

1. 请根据"实训项目"中填写的求职意向以及"实训项目"中制定的简历内容，寻找具有同类别金融企业和同类型职位就业倾向的同学组成一个或多个小组，尽量使每个小组的成员在5~10人，并使团队的分类尽量包含银行、证券、期货、信托、基金、保险、互联网金融等各个金融细分行业；对于职业倾向无法与其他班级成员匹配的同学，以及认为自己相较于团队合作更倾向于独立行动的同学，则可以个人角色的方式参与企业内部环境模拟实训。

2. 分组时，请确保一个班级中，80%的同学以团队的形式参与实训，20%的同学则以个人为单位参与实训。

3. 本实训包含"团队组角色任务"和"个人组角色任务"两个任务模块。分组后，请各团队组的成员按照"团队组角色任务"完成团队内部协作工作，并将个人工作和与团队沟通情况记录在相关表格中；而个人组成员则按照"个人组角色任务"构建个人工作目标和方案，并记录在相关表格中。

## ■团队组角色任务

团队组的同学将在本实训中模拟不同金融企业内部的一些中基层主要职能岗位的从业人员，执行项目团队组建、项目职能分工、项目产品及服务内容构建、职能角色业绩考核标准制定等工作，并在模拟工作环境中学会合理运用基本金融分析能力、职场人际沟通技巧以及团队合作策略，对项目预销售的金融产品和服务模式进行探讨，并制定最终工作方案。

任务 1：团队所属金融机构业务环境设计

请每个团队小组成员尝试使用表 4-13 中的群体决策方法，为自己的团队设置一个金融机构名称，该名称能代表自己的团队所属的金融细分行业，比如××××证券公司、××××基金公司、××××保险公司、××××银行、××××期货公司等。

确定好团队所属金融机构类别后，查询该类别金融牌照下能经营的相关业务，按团队成员专长偏好以及对各类业务的熟悉情况，构建团队所属公司的主营业务结构，可以专营一项业务也可经营多项业务。业务体系构建完毕后，请各团队自行组织学习并熟悉公司业务的主要操作内容。填表 4-16。

表 4-16　金融机构业务环境设计

| 团队所属公司名称 | |
|---|---|
| 公司的金融牌照类别 | |
| 公司的监管部门 | |
| 公司主营业务 | |

任务 2：团队工作项目设计

各团队根据自己在任务 1 所设立的公司主营业务内容，设置一个团队具体负责的工作项目，该项目包含一个或多个金融产品服务的内容设计和运营。在进行项目设计时，必须满足下列要求：

·团队成员可按照表 4-15 中团队领导力自测表的测试结果，以及表 4-14 有效领导相关特质参考中的内容，通过集体决策，在小组中选举出一名具备领导特质成员，担任团队的项目经理一职，并领导小组其他成员进行项目产品和服务的设计。

·项目产品和服务不能超出团队所属金融机构牌照规定的主营业务范畴。比如非存款性金融机构不能经营存款类产品。

·项目产品和服务的性质尽量能代表团队所属金融企业的主营业务特点。比如属于商业银行的团队可设立个人住房贷款、个人助业贷款等信贷类产品，或风险较低的货币类理财产品；属于证券公司的团队可设立证券经纪类产品、券商综合财富管理类产品；属于保险公司的团队可设立汽车保险、重大疾病险、家庭财产保险等产品。

·项目产品和服务的构建应尽量切合公司所属细分行业的最新前沿发展方向。填表 4-17。

表 4-17 团队工作项目设计

| 项目经理 | |
|---|---|
| 项目产品及服务名称 | |
| 项目产品及服务<br>内容简述 | |

任务 3：团队成员职能分工

请团队的项目经理根据本团队项目产品及服务的性质、内容和营销需求，结合表 4-11 中贝尔宾团队角色定位的内容和各成员的个人简历，决定团队各成员在本项目中的职位，并制定每个职位上的员工需要完成的岗位任务。填表 4-18。

项目经理在为团队成员进行职能分工时，可参考以下金融机构的职能岗位及其基本工作任务，也可根据团队所属金融机构的性质和项目需求，增添其他职能岗位。

表 4-18 团队成员职能分工

| 序号 | 项目成员姓名 | 职能岗位 | 岗位职责及具体工作任务 |
|---|---|---|---|
| ① | | | |
| ② | | | |
| ③ | | | |
| ④ | | | |
| ⑤ | | | |
| ⑥ | | | |
| ⑦ | | | |

表4-18(续)

| 序号 | 项目成员姓名 | 职能岗位 | 岗位职责及具体工作任务 |
|------|------------|---------|------------------------|
| ⑧ | | | |
| ⑨ | | | |
| ⑩ | | | |

·分析师：其工作主要负责对金融市场相关的各种因素进行研究和分析，包括各类金融子市场、各类金融工具的价值及变动趋势进行研究及预测，并向投资者发布证券研究报告、投资价值报告等，以书面或者口头的方式向投资者提供上述报告及分析、预测或建议等服务。

·理财师：其工作主要负责运用理财规划的原理、技术和方法，针对个人、家庭以及中小企业、机构的理财目标，为客户提供量身订制的、切实可行的理财方案，同时在对方案的不断修正中，满足客户长期的、不断变化的财务需求。

·投资顾问：其工作主要负责为金融投资、房地产投资、商品投资等各类投资领域的客户提供专业建议，包括帮助客户了解投资常识、分析客户的投资风险承受能力、协助客户寻找具体的投资标的或构建具体投资组合、对客户的投资收益状况进行实时跟踪与评估、根据市场环境对客户做出具体的投资变更建议等。

·产品经理：其在金融机构中主要负责产品管理的工作，包括推动相应金融产品的开发组织，根据产品的生命周期，协调其研发、营销及运营工作，确定和组织实施相应的产品策略，以及其他一系列相关的产品管理活动。

·客户经理：即客户关系代表或维护者，其在金融机构中负责与各类客户（机构或个人）的直接接触工作，其工作内容围绕客户关系较为多样，包括金融类客户的开发、为客户提供现有的金融服务、完成金融产品销售任务、维护及挽留现有客户、强化核心客户关系等内容。

·渠道经理：其工作主要负责对金融机构的各类业务渠道或营销渠道进行开发和管理，包括与同业或其他类型金融机构的业务合作，负责渠道合作及利益分配细则的谈判，负责公司对渠道下达的各类金融产品营销活动的宣传、贯彻、落实。

任务4：团队成员业绩考核标准制定

请团队的项目经理根据每个成员的岗位职责和工作任务，为不同岗位的成员制定差异化的业绩考核标准。个人业绩考核指标可以是单一指标，也可以是多项指标；可以是定量指标，也可以是定性指标。填表 4-19。

在设立业绩考核指标时，要注重其合理性和针对性。比如对于市场分析类岗位的考核，应该从其分析预测的结论与市场走势的吻合程度或偏差程度来设立标准；对于前台营销类工作人员的考核，应更多地从一定时期内的金融产品销售额、客户开户数、客户资产数量、客户流失数量等方面进行定量的指标制定；对于一些管理类岗位，比如产品经理，应将整个团队的产品推广程度及销售情况与其工作业绩挂钩，而对于渠道经理，应将其谈成的销售渠道对团队整体业绩的支撑或提升程度作为其业绩的评价标准。

在项目经理完成团队成员业绩考核标准的制定后，请每位成员将自己的业绩具体完成方案填写在表 4-19 中（如果以单一指标考核，则在表 4-19 四类业绩指标类别中选择其中一类进行填写），以便于在"实训项目"中进行参照实施。

表 4-19　团队成员业绩考核标准

| | 业绩指标类别 | 具体考核指标 | 业绩完成方案 |
|---|---|---|---|
| 个人业绩考核标准 | 关键绩效指标 | | |
| | 岗位职责指标 | | |
| | 工作态度指标 | | |
| | 岗位胜任力指标 | | |

## ■个人组角色任务

个人组的同学在本实训中单独一人开展独立任务，主要根据自己的职业规划方向设立一类个人职业角色，但要求个人为自己所设置的职业角色必须有别于任何一个团队组成员的职业属性，否则便需要加入团队组完成团队任务。在设立个人组角色时，个人可选择金融投资类的个人角色（经纪人或职业投资人），也可选择非金融投资类的个人角色。若选择金融投资类个人角色，则从任务 1 或任务 2 中任选一项按照其角色任务要求进行实训；若选择非金融投资类个人角色，则按照任务3的要求执行实训任务。

任务1：经纪人实训任务

经纪人是指在经济活动中，以收取佣金为目的，为促成他人交易而从事居间、行纪或者代理等经纪业务的自然人、法人和其他经济组织。而在金融行业中，则是指与某一特定金融机构签订全职或兼职经纪人合同，以独立经纪人的身份向客户推介销售该金融机构的产品，并从中提取佣金的职业。独立经纪人在证券、期货和保险三大金融细分行业尤为常见，其工作方式较金融机构的正式雇佣员工更为灵活自由，一般可根据自己的渠道和客户资源进行业务开拓，无固定展业地点，工作时间上也不受金融机构的限制，其主要薪水来源为客户账户交易佣金提成或金融产品销售提成，底薪较低甚至无底薪。

选择扮演经纪人角色的同学，请按如下要求完成个人角色任务：

·按照自己的专业知识熟悉偏好，选择一个金融细分行业作为自己的经纪活动领域，比如证券经纪人、期货经纪人、保险经纪人等；

·参照该行业平均标准，自行设定经纪代理目标任务，并为自己设定经纪人佣金的目标提成比例；

·按照自设的经纪活动目标，制定经纪人工作活动方案（按下表4-20填写经纪人执业方案的具体内容）。

表4-20　经纪人执业方案

| 经纪人执业方案 | | |
|---|---|---|
| 职业经纪人类别<br>（勾选一项） | □证券经纪人<br>□期货经纪人<br>□保险经纪人<br>□其他金融机构签约经纪人＿＿＿＿＿＿＿ | |
| 经纪代理任务目标 | 代理的业务范畴 | |
| | 代销的产品范畴 | |
| | 客户账户佣金<br>提成目标比例 | |
| | 产品销售提成<br>目标比例 | |
| 具体执业方案 | 目标谈判机构 | |
| | 约见及谈判方式 | |
| | 目标客户群体 | |
| | 客户开发方法 | |
| | 执业难点<br>及解决方案 | |

任务 2：职业投资人实训任务

职业投资人广义上是指以投资为职业的人，他们不仅需要资金支持（自有资金或募集资金），还必须具备专业的投资知识和操作经验，其收入来源主要为自有资金投资操作的增值部分，或是从账户代管资金中抽取管理费或投资收益提成。职业投资人由于不受金融机构牌照的约束，因此在投资范围和运作模式上更为灵活，但缺点在于大多数投资人并没有很大的资金规模或很专业的投资及风险管理经验，导致其投资收益可能会出现亏损现象。

选择扮演职业投资人的同学，请按如下要求完成个人角色任务：

·尽量根据自身所处环境的真实情况，确定自己可用于职业投资事业的资金总额及资金来源；

·对自己的专业投资领域进行定位，了解证券投资、期货投资、地产投资、风险投资、实业投资等领域的一般资金准入门槛及投资操作方式，并结合自己的资本金数额，选择适当的投资领域；

·根据金融市场现状，设立切实可行的投资周期及其收益目标，包括短期收益目标、长期收益目标以及年化投资收益目标等；

·按照投资目标，制定具体的投资方案和风险控制方案（按下表 4-21 填写个人投资方案的具体内容）。

表 4-21　个人投资方案

| 个人投资方案 | | |
|---|---|---|
| ①投资本金总额 | | （元） |
| ②资金来源（可多选） | □家庭或个人自有资金<br>□亲戚朋友募集资金<br>□投资合伙人参股资金<br>□商业融资平台借贷资金<br>□其他来源＿＿＿＿＿＿＿＿＿＿ | |
| ③投资领域（可多选） | □证券市场（包括股票市场、债券市场、基金市场）<br>□期货现货市场（包括商品现货、商品期货、股指期货）<br>□期权市场（50ETF 认购期权/认沽期权）<br>□外汇市场<br>□风险资本市场<br>□实体产业投资 | |
| ④投资目标 | 一年期目标收益率 | （％） |
| | 三年期目标收益率 | （％） |
| | 五年期目标收益率 | （％） |
| | 年化目标收益率 | （％） |

表4-21(续)

**金融职业能力**
培养与实训

| ⑤投资及风险控制方案 | 投资标的范围 | |
| --- | --- | --- |
| | 投资比例 | |
| | 投资操作策略 | |
| | 业绩比较基准 | |
| | 投资风险偏好 | |
| | 投资风险管控措施 | |

任务3：其他自设角色实训任务

个人角色组的同学可根据自己未来的职业规划，选择契合自己性格特点及就业目标的其他行业的职业角色，诸如公务员、财经记者、个体工商户、自媒体人等。但无论选择哪类行业，都需要调查了解该行业的基本收入情况或自己对未来收入的预期，并结合自己现在及未来投资与消费情况，为该角色创建一份切实可行的个人金融理财规划，包括在家庭形成期之前（18岁至30岁期间），如何获取个人主动性收入以及如何规划被动性收入（按下表4-22填写个人金融理财规划的具体内容）。

表4-22　个人金融理财规划

| 个人金融理财规划 （规划起点：大学毕业参加工作 / 规划终点：结婚成家） | | |
| --- | --- | --- |
| ①所属职业角色 | | |
| ②个人收入情况分析 | 基本月薪 | |
| | 福利待遇 | |
| | 绩效奖励 | |
| | 其他收入来源 | |
| | 年收入总额估算 | （元） |

表4-22(续)

| ③个人支出情况分析 | 基本生活支出（每月） | |
| --- | --- | --- |
| | 教育培训支出（每月） | |
| | 社会交往支出（每月） | |
| | 其他非常规性支出（医疗/送礼/旅游等） | |
| | 年支出总额估算 | （元） |
| ④个人理财目标 | 短期流动资产量目标 | |
| | 长期投资性资产量目标（包括固定资产） | |
| | 生活质量目标 | |
| | 生活保障目标 | |
| ⑤具体理财方案设计 | 个人储蓄规划 | |
| | 中高风险投资规划 | |
| | 保险保障规划 | |
| | 购房购车资金规划 | |
| | 个人职业/教育发展资金规划 | |

模块四 金融企业内部环境中的职业能力构建

# 模块五

## 金融企业外部环境中的职业能力构建

## 5.1    金融企业外部环境概述

### 5.1.1    金融企业外部环境构成要素

企业外部环境的构成要素相较于其内部环境要素而言更为复杂多样，一般可以分为宏观环境和微观环境两个层次来理解和分析。宏观环境要素包括可能影响企业发展的政治环境、经济环境、技术环境和社会文化环境，而微观环境主要是指目标市场、竞争者、消费者、供应商、中间商及其他利益集团等直接影响企业生产经营活动的要素。对于金融企业而言，其外部环境构成要素也可以从宏观和微观两个方面来看待，如图5-1所示。

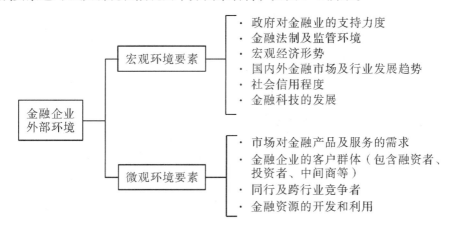

图5-1　金融企业外部环境的主要构成要素

从一家金融机构的雇佣人员角度来看，图5-1所示的宏观环境要素可供从业人员用于分析自己任职企业的发展环境和发展前景，对其在企业中的长远职业生涯规划有一定参考作用。但由于企业的宏观环境相对客观且无法因为个人努力而发生改变，因此企业宏观环境要素对个人职业能力形成的影响是间接的。相比之下，图5-1中所示的市场需求、客户、竞争者、金融资源等微观环境要素却是金融机构从业人员在其日常职业工作中需要频繁接触和处理的具体事物。

（1）市场对金融产品及服务的需求。外部环境向金融企业提出的需求主要表现为各类人群获取所需金融产品和服务的期望和能力。它包括现实需求和潜在需求。人们对金融产品的现实需求决定金融企业当前的市场业绩，而潜在需求则决定该企业在该产品服务领域未来的市场大小。

（2）金融企业的客户群体。现代金融企业越来越专注于"以客户为中心"的服务理念，并且在混业经营的趋势下，金融企业所面对的客户需求和客户结构更为复杂。因此维系好客户群体这一外部环境要素，能促使金融企业与客户建立持久稳定关系，最终能为企业带来经济利益、品牌形象、客户忠诚等方面的改善与提升，使金融企业在行业中获得持续竞争力。

（3）同行及跨行业竞争者。竞争环境是金融业外部环境中的另一个重要构成要素，它包含竞争规模、竞争对手实力与数量、竞争激烈化程度等。特别是在当今金融业务同质化现象越来越严重、非金融类巨头企业竞相涉猎金融领域等趋势下，处理竞争者关系成为金融企业战略的重要组成部分。

（4）金融资源的开发和利用。金融资源是指一家金融企业从事资金融通及其相关经营活动所需要的金融专业人才、资本、技术、金融信息等资源，它是金融领域中关于金融服务主体与客体的结构、数量、规模、分布及其效应和相互作用关系的一系列对象的总和或集合体。金融企业在其外部环境活动中，需要密切关注金融资源的开发利用状况、供应状况和其发展变化情况，并针对其调整自身的经营目标。

### 5.1.2　外部环境要素对职业能力的要求

现代金融企业中对雇员职业能力最直接量化的评价方式便是其业绩水平，而个人或团队业绩水平体现的便是从业人员与企业外部微观环境要素互动的结果，同时也体现了金融企业外部环境对从业人员职业能力的要求。对于金融企业的中基层业务人员和部分高层管理者而言，其对外展业的能力主要表现在对企业金融产品的营销能力、对客户的开发与维护能力以及对各类金融业务的谈判能力上。

（1）金融产品营销策划能力是金融企业的基层业务人员需要具备的最基本的职业能力。因为金融行业本质上是处理资金融通的行业，而金融机构在其中扮演着重要的资金融通中介角色。虽然其业务涉及金融产品的设计和研发，但最终需要为这些金融产品和服务寻找目标市场进行投放和销售，所以金融机构中的大部分岗位都是围绕着市场营销而设立的。金融机构前台人员及管理者的营销策划及执行能力的高低直接决定了企业主营业务利润水平，因此，营销策划能力是金融企业在外部市场开拓和维系过程中对从业者素质的核心要求之一。

（2）客户开发与维护能力的本质是营销能力的一部分。与强调产品及服务销售规划的营销策划能力不同，客户开发与维护能力强调的是针对金融企业现有及潜在客户关系的管理能力。由于金融企业的大部分业务涉及的是对客户资产或负债的管理，这一特殊性决定了金融从业人员与其客户之间建立信任关系要比其他企业有更高的要求，这种要求使得金融从业人员在客户满意度、忠诚度、流失管理、服务补救等各方面都必须进行专业偏向的能力培训。

（3）金融业务谈判能力主要是指从业人员与外部环境中的客户、竞争者、合作者等群体进行的，以满足企业业务需要和维持各自利益为目的协商能力。个人业务谈判能力的高低是其专业能力、思维能力、观察能力、反应能力和表达能力的综合体现，也是其在金融业务拓展中获得客户、消除竞争关系、寻求共赢合作所需要的基本能力。

# 5.2 金融营销策划能力构建

## 5.2.1 金融营销调研

金融营销调研是指系统且客观地收集、整理和分析金融市场营销活动的各种资料或数据，用以帮助金融营销人员制定有效的金融产品营销决策。营销调研在金融机构和目标市场之间建立了一个沟通渠道，将市场信息及时反馈给金融机构，让金融机构更加了解其开发的金融产品和业务在市场中的供求状况，从而能帮助企业决策者寻找新的市场机会，使营销人员能确定营销过程中出现的各类问题的产生原因，帮助金融企业监测和评估现有产品销售和业务开展效果，并为后续的产品开发和营销提供预测和指导，最终达到提高营销效率的目的。

金融从业人员在其营销能力构建方面，需要掌握营销调研的基本流程的制定和管理，能根据具体环境灵活使用并创新营销调研方法，懂得金融类调研问卷的设计方法，并具备营销调研报告的撰写能力。

### 5.2.1.1 营销调研的基本流程

市场营销调研的基本流程一般可分为三个阶段，即调研准备阶段、调研实施阶段和调研总结阶段，每个阶段需要完成的调研任务如表 5-1 所示。

表 5-1 金融营销调研流程

| 调研流程 | 工作目标 | 具体工作步骤及任务 |
|---|---|---|
| 调研准备阶段 | 明确调研方向、重点、范围和目标，并据此制定调研方案，包括调查地点、时间、内容、方法和步骤，调查计划的可行性，经费预算等 | 提出调研问题：营销调研人员根据决策者的要求或由市场营销调研活动中所发现的新情况和新问题，提出需要调研的课题 |
| | | 初步情况分析：根据调查课题，收集一些有关资料进行分析，找出症结，为进一步调研打下基础 |
| | | 制定调研方案：调研方案中应明确提出调研背景、调研目的、调研对象、调研方式、调研进度安排和任务规划、调研经费预算 |

表5-1(续)

| 调研流程 | 工作目标 | 具体工作步骤及任务 |
|---|---|---|
| 调研实施阶段 | 根据调研方案,组织营销调研人员深入实际收集资料,特别是针对金融产品和业务的需求、竞争者、已有策略执行情况等的信息收集 | **市场需求调查:**调查各类与企业经营内容相关的金融产品在过去几年中的销售业绩及其在当前市场中的需求量和影响因素,着重强调对金融产品的客户群体属性、购买动机、行为模式、潜在需求进行调查,其核心是寻找市场营销机会 |
| | | **竞争者情况调查:**调查同行竞争对手的基本情况及竞争能力,包括对手企业的营销战略、营销活动开展情况、替代产品和业务研发情况等 |
| | | **本企业营销策略执行情况调查:**调查收集本企业金融产品定价、销售渠道、广告及促销方面存在的问题及改进情况 |
| | | **政策法规情况调查:**关注并收集最新的有关金融业务开展的政策信息,包括货币政策、金融法律法规的实施、金融调控和监管的动向等 |
| 调研总结阶段 | 对上述阶段收集的资料和数据进行整理和编辑,寻找典型问题、模式和趋势,并形成专业报告,得出调查结论 | **调查资料的整理和分析:**对调查资料做审核、分类、制表工作。其中,审核即是去伪存真,不仅要审核资料的正确与否,还要审核资料的全面性和可比性;分类是为了便于资料的进一步利用;制表的目的是使各种具有相关关系或因果关系的经济因素更为清晰地显示出来,便于做深入的分析研究 |
| | | **撰写调查报告:**对调研活动形成结论性意见的书面报告,撰写原则应该是客观、公正、全面地反映事实,以求最大限度地减少营销活动管理者决策前的不确定性 |

### 5.2.1.2 金融营销调研的方法

根据调研目的、调研内容、调研对象和调研环境的不同,金融营销人员在调研过程中可以选择不同的调研方法。一般而言,金融营销调查常用的方式方法有现场观察法、询问调研法、实验法以及问卷调查法,如表5-2所示。

表5-2 金融营销调研方法总结

| | | |
|---|---|---|
| 现场观察法 | 直接观察法 | 指调研人员到现场观察被调查者的行动来收集情报资料的一种方法,诸如在金融博览会、金融机构营业网点大厅等金融客户集中的场所,对其活动进行观察和记录 |
| | 现场计数法 | 指在具体金融营销活动现场,通过一定时间的观察计数,得到定量的信息 |
| | 痕迹观察法 | 指通过观察特定营销活动留下的痕迹来收集市场信息,比如在金融营销场所设立意见簿、回执单、反馈信箱等,查看客户留下的意见或建议 |

表5-2(续)

| 询问调研法 | 人工电话访问 | 指调研人员按照目标客户电话名单，通过电话询问客户一系列调研问题来获取市场反馈的方法 |
|---|---|---|
| | 计算机辅助电话访问 | 利用计算机设计并生成的问卷，调查人员坐在 CRT 显示终端前，佩戴耳机，通过计算及拨打目标客户的电话号码，接通后，调查员读出 CRT 屏幕上显示的问答题，并将被调查者的回答用键盘输入计算机数据库中。由于数据直接输入数据库并被电脑进行处理，使得调研的阶段性结果和最新报告可以立即查询 |
| | 入户访问 | 指营销调研人员直接到被调查者家中或工作单位进行面谈访问，并对访问结果进行语音记录或笔录 |
| | 拦截访问 | 一般是指在较为繁华、人流量较大的商业区或城市金融中心地区拦截行人进行面访调查的方式 |
| | 小组座谈 | 指由一位营销调研负责人员充当小组主持人，以一种无结构的自然的形式组织一个小组的被调查者进行探讨式交流，用于深入挖掘市场对产品、业务或营销方式的思考与想法 |
| 实验法 | | 指通过组织小规模的营销活动来调查关于某一金融产品或某项营销措施执行效果的方法，常用于新产品的试销或展销 |
| 问卷调查法 | | 该方法是营销调研中最常用的一种调查方法，指通过有目的地设置问题及其选择项，获取市场受众的基本信息、资金实力、投融资偏好、风险偏好、对金融服务的评价等详细内容 |

［资料来源］李建，王雅丽，等. 金融营销［M］. 北京：国防工业出版社，2013：22-25.

### 5.2.1.3 金融营销调研的问卷设计

调查问卷又称调查表或询问表，是以问题的形式系统地记载调查内容的一种文件。问卷可以是表格式、卡片式或簿记式。问卷的设计是询问调查的关键。完美的问卷必须具备两个功能，一是将问题传达给被调查者，二是其所提问内容能让被调查者乐于回答。一份结构完整的调查问卷应具备开头部分、主体部分和背景部分，表5-3对这三部分的设计技巧进行了总结。

**表5-3  调研问卷的基本结构及设计要点**

| 开头部分 | ·问候语：问候语一般包括称呼、问候、访问员介绍、调查目的、调查对象作答的意义和重要性、说明回答者所需花的时间、感谢语等内容，并且在反映上述内容时还要尽量保持简短；问候语的作用在于引起被调查对象的兴趣和重视，消除被调查对象的顾虑，激发被调查对象的参与意识，以争取他们的积极合作；<br>·填写说明：在自填式问卷中要有详细的填写说明，让被调查对象知道如何填写问卷以及如何将问卷返回到调查者手中；<br>·问卷编号：用于在大样本调查中能分类识别问卷，以便于校对检查 |
|---|---|

模块五　金融企业外部环境中的职业能力构建

·153·

表5-3(续)

| | |
|---|---|
| 主体部分 | ·有明确的主题,所有问题围绕该主题提出,问题目的明确、重点突出,不要出现可有可无的问题;<br>·问题的排列应具备一定逻辑顺序,符合被调查对象的思维顺序,避免发散性、随意性的问题安排,一般是先易后难、先具体后抽象、先客观再主观,非选择类问题最好放在最后呈现;<br>·主体问卷设计应简明,内容不宜过多、过繁,严格控制问卷的长度,确保回答问卷的时间能控制在10~20分钟以内;<br>·问卷题目设计必须有针对性,明确被调查人群,适合被调查对象身份,必须充分考虑受访人群的文化水平、年龄层次等,措辞上也应该进行相应的调整;<br>·问题的选择项一般采用单选、多选、量度表等方式呈现,便于数据的整理和统计 |
| 背景部分 | ·背景部分主要是询问一些有关被调查对象背景资料的问题,可作为对被调查对象进行分类比较的依据,通常放在问卷主体部分的首端或者问卷最后;<br>·金融营销类调研关注的背景内容主要包括被调查对象的性别、婚姻状况、受教育程度、职业、收入水平等 |

#### 5.2.1.4 调研报告的撰写

调研报告是对调研工作计划、实施、收集、整理等一系列过程的总结,是调查研究人员劳动与智慧的结晶,也是客户需要的最重要的书面结果之一,其核心是实事求是地反映和分析客观事实。调研报告主要包括调查和研究两部分。调查部分应该深入实际,准确地反映客观事实,不凭主观想象,按事物的本来面目了解事物,详细地钻研材料;研究部分则应在掌握客观事实的基础上,认真分析,透彻地揭示事物的本质联系。部分调研报告还会基于调查研究的结果提出对策,或一些对调研对象的看法和建议。但这不是调研报告的核心内容,因为对策的制定是一个深入的、复杂的、综合的研究过程,调研报告提出的对策是否被采纳、能否上升到政策,还需经过上级战略管理或策略制定人员的评估和商讨。

市场营销调研报告的内容一般由标题、引言、主体和结尾四部分组成,也可以根据金融企业的正式性要求,增添报告封面、目录及摘要部分。表5-4总结了调研报告各部分的撰写要点。

表 5-4　市场调研报告的编制结构和撰写要点

| 内容结构 | 撰写要点 |
|---|---|
| 报告标题 | 市场调研的题目一般有两种可选模式:<br>·公文式标题:由调查对象和内容、文种名称组成,例如《关于××银行×××支行基金类产品代销情况的调查报告》<br>·文章式标题:用概括的语言形式直接交代调查的内容或主题,例如"高净值客户的金融服务消费理念" |

表5-4(续)

| 内容结构 | 撰写要点 |
|---|---|
| 报告引言 | 引言又称导语,是市场调查报告正文的前置部分,要写得简明扼要,精炼概括。一般应交代调查的目的、时间、地点、对象与范围、方法等与调查者自身相关的情况,也可概括市场调查报告的基本观点或结论,以便使读者对全文内容、意义等获得初步了解。然后用一过渡句承上启下,引出主体部分。有时引言部分可以省略,直接进入报告主体,使行文更趋简洁 |
| 报告主体 | 这部分是市场调查报告的核心,也是写作的重点和难点所在。它要完整、准确、具体地说明调查的基本情况,进行科学合理的分析预测,在此基础上提出有针对性的对策和建议。具体包括以下三方面内容:<br>·情况介绍。即对调查所获得的基本情况进行介绍,用叙述和说明相结合的手法,将被调查对象的历史和现实情况包括市场占有情况、生产与消费的关系、产品、销量及定价情况等表述清楚。在具体写法上,既可按问题的性质将其归结为几类,采用设立小标题或者提要的形式;也可以时间为序,或者列示数字、图表或图像等加以说明。<br>·分析预测。即在对调查所获基本情况进行分析的基础上对市场发展趋势做出预测,它将直接影响到有关部门和企业领导的决策行为。具体写作上,应采用议论的手法,对调查所获得的资料条分缕析,进行科学的研究和推断,并据以形成符合事物发展变化规律的结论性意见。用语要富于论断性和针对性,做到析理入微,言简意明,切忌脱离调查所获资料随意发挥。<br>·营销建议。这层内容是市场调查报告写作目的和宗旨的体现,要在上文调查情况和分析预测的基础上,提出具体的建议和措施,供决策者参考。要注意建议的针对性和可行性,能够切实解决问题 |
| 报告结尾 | 结尾也称为结论部分,是对整篇调研报告的分析预测以及建议策略的提炼总结,需要用精练的语言让企业决策者能迅速领悟调研的核心内容、主要结论以及重点建议。切忌在结尾部分再对调研内容做出细节性陈述,或是简单地对报告中的各种分析进行累积汇总,尽量用最简洁的话语概述全篇 |

## 5.2.2 金融营销战略 ├────────────

金融营销战略是指金融企业的市场营销部门根据企业战略规划,在综合考虑外部市场机会和内部资源等因素的基础上,确定目标市场并进行有效的产品及业务定位的过程。根据企业营销管理中的 STP 理论,营销战略制定中最核心的要素便是进行市场细分(Segmentation)、选择目标市场(Targeting)、完成市场定位(Positioning)。

### 5.2.2.1 金融营销中的市场细分常用标准

大部分金融企业的传统市场细分方式主要按照个人客户和企业客户这两大类进行细分,这也是为什么各类金融机构中都会有个人业务和企业业务两大业务及业务执行部门的分类。对于个人客户市场而言，细分标准较为多样，主要采用地理细分、人口细分、心理细分、行为细分等，如表 5-5 所示；对于企业客户市场而言，细分标准主要根据企业的行业类别、营业规模、信用等级、生命周期、地理位置来设定，如表 5-6 所示。

表 5-5　金融机构的个人客户市场细分标准

| 细分标准 | 具体细分 | | 细分市场营销案例 |
|---|---|---|---|
| 地理 | 按国别细分 | 国内客户、国内客户 | 在金融产品宣传册中进行双语介绍，或金融机构的官方网站有不同地区语言的选择 |
| | 按地区细分 | 城市客户、农村客户 | 银行类金融机构为农村客户提供季节性收购贷款等"三农"服务 |
| 人口 | 按年龄细分 | 少年及儿童客户、青年客户、中年客户、老年客户 | 60 周岁以上的老年客户对储蓄、政府债券、养老保险等业务更感兴趣 |
| | 按收入细分 | 高收入人群、中等收入人群、低收入人群 | 高收入者日程较为繁忙，偏爱信托、资产管理式的金融中介代为理财模式，且对高风险的投资理财有较好的心理承受能力 |
| | 按家庭生命周期细分 | 学生、单身工薪族、新婚夫妇、有子女家庭、退休老人 | 银行针对学生消费群体开设学生信用卡，但又根据学生还未具备独立工作收入的特性，对学生信用卡设置了额度透支的限制 |
| 心理 | 按社会阶层细分 | 富裕阶层、精英阶层、白领阶层、蓝领阶层、贫困阶层 | 较低阶层群体更为关注最简单的储蓄产品，他们不愿意承受较高的风险，倾向能迅速变现的金融产品 |
| | 按生活方式细分 | 传统型、新潮型、节俭型、奢侈型、"月光"型等 | "月光"型的人群没有什么储蓄，也不会有本金进行投资，相比之下更关注信用卡及其他消费金融类业务 |
| | 按个性细分 | 保守型、激进型、被动型、冒险型、顺应型等 | 具备冒险型个性的人群对独立操作股票账户、期货账户进行高风险投资交易更感兴趣 |

表5-5(续)

| 细分标准 | 具体细分 | | 细分市场营销案例 |
|---|---|---|---|
| 行为 | 按追求利益细分 | 对便利性的追求、对个性化的追求、对高质量的追求等 | 高质量的追求者，更关注金融机构提供业务时的服务质量，比如对 VIP 贵宾通道、私人银行等服务的需求 |
| | 按品牌忠诚度细分 | 无品牌忠诚者、习惯购买者、满意购买者、情感购买者、忠诚购买者 | 金融机构的忠诚购买者，更容易接受企业新推出的金融产品，即便产品收益对比竞争对手而言并没有特别大的优势 |
| | 按风险偏好细分 | 高风险偏好者、中低风险偏好者、保本投资偏好者 | 向保本投资偏好者营销产品时，不用突出收益率的高低，而需要突出讲解本金的安全性 |
| | 按态度细分 | 肯定态度、否定态度、怀疑态度、无所谓态度等 | 对于容易持怀疑态度的客户，需要耐心并运用较为专业的讲解消除客户对产品或业务的怀疑 |

[资料来源] 笔者根据市场细分理论并结合我国企业分类标准，自行总结并撰写相关营销案例。

### 表5-6　金融机构的企业客户市场细分标准

| 细分标准 | 具体细分 | 细分市场营销案例 |
|---|---|---|
| 行业类别 | 农林牧渔业、工业、建筑业、批发业、零售业、交通运输业、房地产开发经营业、餐饮业、软件和信息技术服务业等 | 在我国房地产行业、汽车行业、物流业等行业高速扩张时期，金融业的融资信贷类业务与这些经济支柱行业相结合，形成房地产金融、汽车金融、物流金融等细分市场 |
| 营业规模 | 大型企业、中型企业、小型企业、微型企业 | 一些商业银行为响应国家政策支持小微企业，针对规模较小的企业，开通了诸如税融通、商业汇票快捷贴现、抵押贷等额度相对较小、期限较短的小微企业融资业务，开拓小微企业金融业务市场 |
| 信用等级 | AAA 级、AA 级、A 级、BBB 级、BB 级、B 级、CCC 级、CC 级、C 级、D 级 | 根据企业授信等级的不同，金融机构提供不同规模、不同利率的信贷服务产品 |
| 生命周期 | 建立阶段、扩张阶段、增长阶段、停滞阶段、衰退阶段 | 一些风险投资机构或私募股权投资机构会为还在初创期但成长性高的高科技企业提供创业资金和专业管理技术支持，以获取高额投资回报 |
| 地理位置 | 按经济发展情况的不同进行区域分类，诸如长三角、珠三角、环渤海、东三省、西部地区等 | 金融机构根据国家区域经济发展规划战略，在有经济政策支持的地区市场中拓展金融业务 |

[资料来源] 笔者根据市场细分理论并结合我国企业分类标准，自行总结并撰写相关营销案例。

模块五　金融企业外部环境中的职业能力构建

#### 5.2.2.2　目标市场选择策略

所谓目标市场，就是指企业在市场细分后，准备按照企业的战略目标选择一个或多个子市场来进行产品和业务营销活动的过程。由于企业资源具有有限性，企业经营又需要追求择优性，同时市场需求却存在差异性，因此对目标市场进行选择是企业营销战略中不可缺少的环节。企业常用于目标市场选择的策略有以下三种：

（1）无差异性目标市场策略。这种策略是以整个市场的共性为销售目标，不注重市场的个性，不追求差异化的客户需求，把各子市场整合成一个市场作为其目标市场，并向整体市场提供标准化的产品，采取单一的营销组合，并通过强有力的促销吸引尽可能多的购买者，从而增强消费者对产品的印象，也会使管理工作变得简单而有效率。比如商业银行针对社会大众发行普通借记卡，满足人们的基本银行账户存取款及转账需求。

（2）差异性目标市场策略。这种策略是在细分市场的基础上，选择若干细分市场为目标市场并制定相适应的营销策略，以适应不同客户的需求差异。其理念基础在于，认为整个金融市场上不可能会有完全无差异的客户需求，因此要根据不同种类的客户需求差异来制定营销策略和服务方式。比如现今大部分银行的信用卡产品都会根据不同客户群体的消费偏好，设置特色卡种，甚至是自定义卡面，针对不同类型客户进行精准营销。

（3）集中性目标市场策略。也称为密集型市场策略，或聚焦型营销策略，主要是指企业从众多的细分市场当中找出一个或者几个细分市场作为目标市场，将有限的资金都集中在选定的目标市场当中的一种营销策略。对于一些并不具备全部金融业务牌照、无法与大型金融集团抗衡的中小型金融机构而言，由于金融企业自身存在的资源局限性，导致企业无法完全适用差异性或无差异性目标市场策略来攻占市场，因此只能选择与自己吻合度较高的细分市场来着重发展。比如一些中小型保险公司不发展多样化的保险业务，而是专门针对一部分细分市场（诸如健康医疗市场）提供专门性的保险产品及其相关业务。

#### 5.2.2.3　金融企业的市场定位策略

目标市场定位是指企业根据所选定的目标市场状况以及该市场内的具体要求来制定自己的核心产品，确定自己在该市场内的竞争地位，从而使企业在目标客户的心目中占有一个独特、有价值的地位。金融企业在制定市场定位策略时，需要同时考虑企业、产品、竞争、消费者的定位问题，具体可参考的定位策略包括避强定位、迎头定位、创新定位以及重新定位。

（1）避强定位策略：指企业力图避免与实力最强的或较强的其他企业直

接发生竞争，而将自己的产品定位于另一市场区域内，使自己的产品在某些特征或属性方面与最强或较强的对手有比较显著的区别。该定位策略能使企业在市场上站稳脚跟，市场风险较小，成功率高；但缺点在于采用该策略就意味着企业必须放弃某个最佳的市场位置，很可能使企业处于最差的市场位置。

（2）迎头定位策略：指企业根据自身的实力，为占据较佳的市场位置，不惜与市场上占支配地位的、实力最强或较强的竞争对手发生正面竞争，而使自己的产品进入与对手相同的市场位置。其优点在于和强劲对手的竞争过程中容易产生轰动效应，使企业及其产品可以较快地为消费者或用户所了解，易于达到树立市场形象的目的，但需要充分考虑对手和自身的实力差距以及新产品的整体实力和接受程度。

（3）创新定位策略：指寻找新的尚未被占领但有潜在市场需求的位置，填补市场上的空缺，生产市场上没有的、具备某种特色的产品。采用这种定位方式时，公司应明确创新定位所需的产品在技术上、经济上是否可行，有无足够的市场容量，能否为公司带来合理而持续的盈利。

（4）重新定位策略：公司在选定了市场定位目标后，如定位不准确或虽然开始定位得当，但市场情况发生变化时，如遇到竞争者定位与本公司接近，侵占了本公司部分市场，或由于某种原因，消费者或用户的偏好发生变化，转移到竞争者方面时，就应考虑重新定位。重新定位是以退为进的策略，目的是寻找到更有效的定位。

### 5.2.3  金融营销活动

在金融企业的日常业务的运用过程中，有时为了达到阶段性的业绩任务、响应企业阶段性的营销战略或是扩张市场占有率等目标，需要基层营销人员或团队策划并执行特定的营销活动。组织策划得当的营销活动不仅能很好地维系老客户、吸引新客户，还能扩大金融企业知名度、品牌形象，促进金融产品和业务在大众心中的认知和接受程度。而组织策划较差的营销活动不仅可能浪费企业费用，还可能无法达成营销目的或削减营销效果。由此可见，营销活动策划及执行能力也是金融营销人员不可缺少的职业能力之一。

#### 5.2.3.1  金融营销活动的常见种类

无论是银行、证券公司、保险公司，还是其他类型的金融机构，都会为了各种目的举办相应的营销活动，其活动举办方式多种多样，举办规模有大有小，但其最核心的目标便是促进企业的金融产品和业务在目标市场中占领一席之地。在各大金融机构举办的金融营销活动中，可以按活动的直接目的的分为以下几类：

（1）<u>金融产品的推广宣传活动</u>。包括对某个新产品或新业务模式的宣传活动，对金融机构核心产品和业务的季节性宣传活动等。活动形式通常有产品体验活动、新品发布会、新品展示会等。

（2）<u>金融企业品牌和形象推广活动</u>。由于金融产品的使用具有持续性、收益性、风险性等特点，因此树立金融企业品牌的良好信用及服务形象和口碑是提升客户产品及服务满意度的重要途径。无论是新兴金融企业还是传统金融企业，都会为了树立企业品牌形象，配合金融市场趋势开展企业品牌推广活动。具体的活动形式包括多种媒体节目中的广告投放、组织与金融品牌主题相关的商业娱乐活动、以金融企业品牌为标识承办社区文化活动等。

（3）<u>争夺市场占有率的活动</u>。金融企业在短期内缺乏具有竞争力的创新产品推出时，若仍想要改变竞争态势、提升企业利润水平，就必须扩大现有金融产品和业务的市场占有率。这时，以争夺市场占有率为主题的营销活动便成为日常营销的重点。这类营销活动包括价格促销、关联产品绑定等，比如第三方基金代销机构为了促成更多开户业务，对基金各项费率实施折扣活动；又比如保险公司为了提升公司主流保险产品的销售业绩，开展买公司推介保险产品获赠其他短期险种的活动。

（4）<u>维护和加强客户关系的活动</u>。金融机构业务人员的日常工作之一便是对各类客户的关系维护工作，但由于金融业务日趋同质化，导致客户维护服务模式也日益趋同，难以获得客户的持续关注。因此，金融机构需要间歇性开展促进客户关系的营销活动。比如证券公司在证券市场有较大波动或转折时，可举办投资主题策略研讨会、茶话会等活动，将新老客户聚集在一起进行主题交流，以增进客户对市场的认识，熟悉金融产品的运用；又比如银行会针对一些高净值存量客户的兴趣爱好，在某一客户兴趣领域举办主题聚会，以增加客户与客户经理之间面对面的社交频率和质量。

### 5.2.3.2　营销活动策划方案的撰写

营销活动策划方案是指为某一次具体的营销活动所制订的书面计划，包括活动具体行动的实施办法细则、步骤等内容，以便于组织活动承办人员分工明确地组织实施营销活动，保证活动的顺利进行。营销活动策划方案所包含的内容如表5-7所示。

表5-7　营销活动策划方案撰写大纲及要点

|  | 方案大纲 | 撰写要点 |
| --- | --- | --- |
| ① | 活动背景 | 对营销活动策划的基本背景情况进行简明扼要的概述，包括活动的主要执行对象、近期状况、组织部门、活动开展原因、社会影响以及相关目的、动机等 |

表5-7（续）

| | 方案大纲 | 撰写要点 |
|---|---|---|
| ② | 活动的目的及意义 | 将该营销活动试图达到的目标阐述清楚，并明确该活动策划的独到之处及由此产生的意义，包含经济效益、社会利益、品牌宣传效应等 |
| ③ | 活动开展时间 | 标注清楚活动的具体开始时间和结束时间 |
| ④ | 活动范围 | 写明该营销活动所针对的目标受众和活动开展的具体地点或覆盖区域 |
| ⑤ | 人员配置 | 罗列参与营销活动策划和实施的部门和具体人员名单，按职就分，将活动中的各项工作任务细分至每位工作人员身上 |
| ⑥ | 活动开展内容 | 该部分为活动策划的正文部分，表现方式要简洁明了，使人容易理解，但表述方面要力求详尽，写出每一点能设想到的东西，没有遗漏。主要包含活动的具体步骤、活动场所的布置、活动出席嘉宾的接待及座次安排、餐饮招待安排、秩序调节、活动礼品、技术支持、活动后清理人员、后续联络等 |
| ⑦ | 活动效果预测 | 分析该营销活动可能得到的目标受众的反应和预期效果 |
| ⑧ | 经费预算 | 活动的各项费用在根据实际情况进行具体、周密的计算后，用清晰明了的形式列出 |
| ⑨ | 物料清单 | 对营销活动中所有可能用到的宣传材料、物品的名称和数量做好列表登记 |

# 5.3 金融客户开发与维护能力构建

## 5.3.1 金融客户的分类特征

在对金融企业的客户进行开发和关系管理及维护之前，需要对金融类客户的主要类型及其特征进行全面了解，才能区分客户需求的差异性，从而实施有针对性的个性化客户服务。金融客户的分类方式有很多，但在金融机构中，最为常见的分类方式主要有按客户属性划分、按客户心理与行为特征划分、按客户价值划分三种。

### 5.3.1.1 客户属性的分类特征

金融企业的客户按属性进行划分，一般由个人客户和企业客户共同构成，这两类客户类型具有明显的交易特征和显著的需求差异。

金融机构的个人客户存在数量众多、转移成本较低、单笔金融业务交易规模较小、业务交易频繁、交易过程较为简单灵活、经营风险相对分散等特征。因此，金融企业在进行个人客户关系管理时，应实行需求主导型管理与营销模式，加强与个人客户的沟通与协调，为客户提供灵活多样的服务渠道与差异化产品。

金融机构的企业客户存在业务交易规模大、转移成本较高、专业性购买居多、业务交易过程复杂、产品定制化程度高、风险相对集中等特征。因此，金融企业在对企业客户进行关系管理时，应注重金融产品的研发与创新，在有效防范经营风险的基础上尽量简化交易程序，密切关注企业经营与行业市场动态，按照审慎性原则加强企业客户的风险防范与管理。

### 5.3.1.2 客户心理与行为的分类特征

现代金融企业管理越来越重视对客户心理与行为的分析，并基于不同客户的心理及行为特性制定相适应的沟通策略。综合表 5-5 的个人客户心理及行为细分标准，可以将客户大致分为以下四类：

（1）灯塔型客户。该类客户对新生事物和新技术非常敏感，喜欢新的尝试，对价格或收益率不敏感，是金融潮流的领先者。他们的基本特征表现为收入高、受教育程度高、具有较强的自我探索和学习能力，对于各类金融产品和业务及其操作方式有一定程度的了解，在其所属群体中是舆论领导者或者期望能引导舆论。这类客户在金融企业推出新产品和业务时，常常会率先尝试，并积极地推荐给他人，并且为企业提供可借鉴的建议。

（2）跟随型客户。该类客户不一定真正了解和完全接受新型金融产品或业务，但他们倾向于将灯塔型客户当成自己的参照群体，极其容易紧跟潮流。他们是感性的金融服务消费群体，在意产品带给自己的心理满足感，相较于产品价格更注重金融企业的品牌形象和市场舆论导向。

（3）理性型客户。该类客户在进行金融投资决策时较为小心谨慎，在意对金融产品的收益与风险进行衡量，并且对服务质量、承诺以及价格特征都非常敏感。他们会适当听取其他客户群体的建议但绝不盲从，会相信自己的独立判断，不容易受企业营销策略和销售话术的影响，每一次决策都会在仔细分析、精确计算利弊之后再进行。

（4）逐利型客户。该类客户对产品价格因素十分敏感，只有在金融机构与其竞争对手相比有明显的价格优势时，才会选择该金融机构的产品。由于过分关注价格优势，他们容易被金融企业的价格促销策略吸引，而对品牌、口碑等因素并不敏感。

### 5.3.1.3 客户价值的分类特征

对于企业而言，客户价值主要是指客户能为企业带来的收入和利润贡献。

金融企业客户量庞大，但各个客户的价值贡献率是不一样的，有的客户当前价值较高，有的客户则是增值潜力较高，而在大部分金融企业之中，客户对企业的价值贡献通常都体现了"二八定律"，即20%的客户消费了某项金融产品及服务的80%，而剩下的80%的客户只消费了剩下20%的金融服务。按照这"二八定律"对客户价值的总结，可将金融客户按照图5-2所示的客户金字塔层级进行分类。

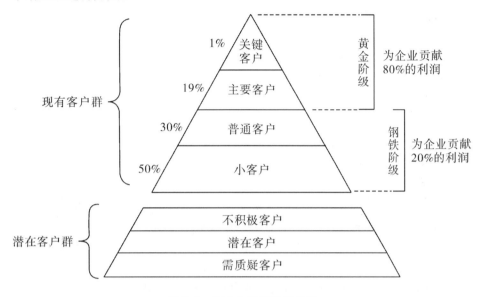

**图5-2　客户金字塔层级类型**

[资料来源] 笔者根据美国著名营销学者 Valarie A. Zeithaml、Roland T. Rust、Katherine N. Lemon 于 2002 年提出的"顾客金字塔"模型内容绘制而得。

从客户金字塔层级的分类可以看出，根据客户对金融企业的经济价值的不同可以分成七类层级，其中，关键客户、主要客户、普通客户以及小客户是已为企业产生经济价值的层级，而不积极客户、潜在客户和需质疑客户是还未给企业创造经济价值，但在未来有可能创造价值的客户层级。

在金融企业的现有客户群中，80%的客户属于普通客户和小客户，这类客户被列为钢铁层级，即虽然总量较大，但对企业的当前价值都不高。其中，普通客户属于当前价值较低但存在增值潜力的客户，这类客户与金融企业的关系可能一直徘徊在考察期或形成期，但客户本身具备一定资产量并对金融服务存在潜在需求，一旦进入稳定期，则具备增加购买金融产品、推荐新客户的可能性。而小客户对金融企业来说是最没有吸引力的客户，其当前价值和增值潜力都较低，偶尔会办理一些小额业务，甚至会出现信用违约风险的情况。钢铁层级的客户总体特征在于耗费企业的时间、精力和经济成本，但又暂时不能为企业带来相应的回报。

相反，占现有客户群总量 20%的客户属于黄金层级的客户，其中以主要客户居多，关键客户仅占企业客户总量的 1%——这部分客户虽然数量较少，却能为企业带来最多的价值贡献。主要客户是指有较高当前价值但增值潜力不足的客户，这类客户一般是已经进入稳定期的高度忠诚客户，他们的大部分业务办理需求都依赖于本企业，并能为企业积极推荐新客户，但能为企业带来的增量效应有限，而金融企业也必须持续不断地向他们提供超期望价值，以保证这类客户不转向竞争对手。相比之下，金融企业的关键客户不仅能创造较大的当前价值，其本身在企业的增量销售、产品交叉销售等各方面还具备巨大的开发潜力，所以企业在处理关键客户的方法方式上，需要积极寻求建立合作伙伴关系，实现公平基础上的双赢。

## 5.3.2　金融客户的开拓方法

随着金融业的市场营销管理走向成熟阶段，金融机构内部专业分工边界开始模糊，各类岗位都开始需要具备基本营销技能，而金融分支机构的大部分日常工作也以营销为主。这种以市场为导向和行业竞争加剧的趋势，使金融企业不再被动等待客户上门寻求业务和产品支持，而是越来越重视主动型金融客户开发工作和客户开拓方式方法的运用。金融客户的传统开拓方法主要有基于营业网点或非营业场所的面谈、电话营销、短信营销，而随着互联网技术的发展，金融企业也将各种网络营销方式应用在客户开拓工作上。表 5-8 总结了金融企业常用的四大类客户开拓方法及其优缺点。

表 5-8　金融客户开拓方法及其优缺点对比

| 客户开拓基本方法 | 方法概述 | 优点 | 缺点 |
|---|---|---|---|
| 面谈 | 即金融从业人员在企业营业网点或在其他场所约见客户，面对面地向客户介绍和销售金融产品，深入挖掘客户需求，进行异议处理及维护情感关系，并最终促成客户开户的开拓方式 | ·互动性<br>·易于建立信任<br>·为客户提供便利性<br>·销售主动性<br>·服务个性化<br>·有利于推广新产品和金融咨询类服务<br>·节省流通费用 | ·效率低<br>·客户有戒备心 |
| 电话营销 | 指通过电话来实现有计划、有组织、高频率的扩大客户群，提高客户满意度的营销行为。包括人工电话、自动语音电话及传真等客户联络方式 | ·互动性<br>·及时性<br>·节省时间和开支<br>·普遍适用性 | ·容易被拒绝<br>·不能真实判断客户的心理<br>·不易建立情感和信任<br>·缺少展示机会 |

表5-8（续）

| 客户开拓基本方法 | 方法概述 | 优点 | 缺点 |
|---|---|---|---|
| 短信营销 | 短信营销也是利用移动通信网络来达到客户开拓目的的营销手段，即通过编辑短信或微信，向目标客户单独发送或群发文字或图片类营销信息的方式 | ·高效性<br>·方便性<br>·经济性<br>·广泛适应性<br>·精确性<br>·散播性 | ·单向交流、缺少互动<br>·字数限制<br>·容易被客户当垃圾短信删除或被忽略 |
| 网络营销 | 即以互联网为基础，利用数字化的信息及网络媒体的交互性来辅助客户开拓目标实现的营销方式。业界常用的网络营销方法有网站SEO优化、博客营销、微博营销、微信公众号营销、电子邮件推广、综合网站推广等 | ·具备一定程度的信息交互性<br>·不受时空限制<br>·多种形式的信息交换<br>·覆盖面广<br>·成本低廉 | ·可控性差<br>·具有网络安全隐患<br>·可信度较低 |

［资料来源］李建，王雅丽，等. 金融营销［M］. 北京：国防工业出版社，2013：149–162.

### 5.3.3 金融客户满意度的提升

金融客户满意度是客户对一个或一系列金融产品可感知的效果与其期望值相比较之后，形成的愉悦或失望的心理状态。简而言之，就是客户在办理金融类业务过程中，其需求是否被满足的界定尺度。在现代企业管理中，客户满意度是评价企业质量管理体系业绩的重要手段，特别是对于像金融行业这类竞争激烈的服务行业，客户满意度与银行、证券、基金、保险等业绩紧密相关，并成为这些金融细分行业在未来市场竞争中制胜的关键。因此，金融从业人员在展业过程中应以金融客户满意度的提升为目标，在客户关系维护过程中改进自己的专业服务质量与服务水平。金融从业人员对客户满意度的提升可以从金融客户期望管理、金融客户感知价值管理、金融客户情绪管理、归因管理四方面展开自我训练。

#### 5.3.3.1 金融客户期望管理

客户对金融服务的期望是一个动态变化的过程，当其实际体验到的服务质量符合期望值，便即刻形成客户满意。但若客户期望值设定过高，则在无形中增大了企业的服务成本。金融客户期望可以从以下几个方面进行管理：

·依据客户价值的分类特征（如图5-2所示），对客户进行分层管理，将不同层级的客户期望值进行分别管理。一般而言，客户价值较低时，客户的期望也相对较低，此时运用一般性营销策略即可控制客户期望；而当客户价值较高时，客户的期望水平也高，这时便应更多地开展个性化、定制化的关系营销，加强与客户之间在专业及情感层面的关系纽带，通过适宜性的投资建议、理财建议等，有效控制客户对产品和业务的期望。

·加强金融产品及服务模式的迭代速度，尽量保持产品和营销服务升级的情况始终位于行业前列，以匹配上客户期望升级的速度，避免某项服务引起的客户兴奋和期待感随时间逐渐下降。

·采用分级服务承诺办法，对已广泛推出的客户基本需求层次上的服务统一标准，并给出明确承诺及服务范围，规范服务流程，使广大客户了解服务相关信息，以至于对金融服务的期望合理化；在对风险可控性较高的金融产品进行营销时，可适当提高其服务承诺水平，增强客户信任度；而对于受众范围较小且风险可控性较低的金融产品，需要适当降低服务的承诺水平，或不予承诺，尽量防止客户对高风险产品产生高预期，从而在金融产品运行效果未达到预期时，减损客户满意度。

·有效控制信息传播，合理引导客户期望，防止客户通过网络中的非官方渠道获取到与企业官方信息不一致的情况出现时，因觉得产品与传播过程中描述不一致或有负面评价，而产生期望落差，从而形成不满。

### 5.3.3.2 金融客户感知价值管理

客户感知价值是客户从购买的产品或服务中所获得的全部感知利益与为获得该产品或服务所付出的全部感知成本之间的权衡。因此，在提升客户满意度时，可以从提高客户感知利得和降低客户感知损失两方面进行：

·提高金融客户感知利得是指在金融服务过程中，通过优化产品效用、多样化服务维度、优化服务水平、优化员工质量以及提高企业品牌形象等方式，让客户效用和对企业的好感度提升。

·降低金融客户感知损失是指在金融服务过程中，通过降低货币成本、缩短服务时间、降低体力成本和精神成本等方式，尽量降低客户对效用缩减的感知程度。比如通过降低信用卡取现手续费，让客户感知到信用卡使用成本的降低；又比如适当地引入服务预约制度，减少客户办理业务的等待时间等。

### 5.3.3.3 金融客户情绪管理

由于金融属于服务行业，其业务涉及人与人之间的沟通交流及关系建立，而人的决策与行为会受情绪的影响，这使得客户满意度不仅包括对金融产品及服务效用的感知部分，还包括情绪部分。金融营销人员在对客户行为进行理解和分析时，需要考虑客户情绪因素，尽量调动客户的积极情绪，减少客户的负面情绪，从而维持客户的满意度。

### 5.3.3.4 归因管理

无论金融服务的最终结果好与坏,客户满意在一定程度上总是受到客户主观因素影响的,客户会在服务结束后根据主观想法总结和归纳服务成功或失败的原因。对于金融服务成功的归因,无论客户将成功归因于自己的专业判断或正确决策,还是归因于服务人员的专业能力、恰当的市场时机等外部因素,但凡对金融企业和客户关系建立有着正面影响的归因,都可以使服务人员借此机会与客户加深联系,巩固客户满意度。而对于金融服务失败的归因,服务人员应尽快与客户进行沟通,了解服务失败的真正原因。如果是客户自身或外部因素所致,则应耐心地为客户做出解释并及时为客户提出解决方案;而如果是企业原因或服务人员个人原因,则应及时采取服务补救措施,以获得客户谅解,争取客户的配合,尽可能地把负面影响控制在有限范围之内。

## 5.3.4 金融客户忠诚度的提升

客户忠诚度又称为客户黏度,是指客户对某一企业的产品或服务产生了好感,形成偏爱并长期重复购买的一种趋向。它主要通过客户的情感忠诚、行为忠诚和意识忠诚表现出来,其中,情感忠诚表现为客户对企业的理念、行为和视觉形象的高度认同和满意;行为忠诚表现为客户再次消费时对企业的产品和服务的重复购买行为;意识忠诚则表现为客户做出的对企业的产品和服务的未来消费意向。

客户忠诚度与客户满意度都是金融企业对客户关系维护效果评价的重要指标,它们的区别在于,客户忠诚是一种行为,代表客户再次购买及参与企业营销活动的真实意愿和行动;而客户满意只是一种态度,其满意度高低体现的是客户在已发生的业务交易中满足初始期望的程度。金融企业要实现客户忠诚度的提升,首先必须努力提高客户在每一次金融产品及服务体验中的满意程度,其次需要对不同忠诚类型的客户进行分类管理,同时,还需在服务过程中增进客户信任,努力提高客户转移成本。

### 5.3.4.1 努力实现客户的高度满意

客户满意度的提升对客户忠诚度的形成有极大的促进作用,但基本满意和满意这两种满意程度并不一定能创造忠诚客户,只有对产品及服务高度满意的客户才有可能成为企业的忠诚客户。因此,金融从业人员在进行服务时,应在服务成本因素可控的情况下,采取多种措施提高客户满意程度(满意度提升方法参考章节5.3.3)。

### 5.3.4.2 根据忠诚类型进行客户分类管理

忠诚客户相较于普通客户能给企业带来更多的商业价值，但对于不同类型的忠诚客户，其维系的难度和成本是不一样的，他们给企业带来的利益和价值也是有差别的。金融企业应根据客户忠诚的不同类型，对客户进行分类管理。表5-9总结了不同类型忠诚客户的特征及应对措施。

表 5-9　不同类型忠诚客户的应对措施

| 客户忠诚类型 | 客户特征描述 | 应对措施 |
| --- | --- | --- |
| 真实忠诚客户 | 这类客户是对企业产品及服务已形成较高满意度及依附性的群体，其对服务的价格敏感性相对较低，但对高服务质量具有持续性要求 | ·避免对真实忠诚客户使用降价促销、变相促销、服务优惠等方案<br>·通过建立品牌社区，搭建客户与企业、客户与客户之间的沟通平台，增加忠诚客户对产品和服务提出意见和建议的渠道<br>·组织客户互动活动，让客户参与和亲身体验企业文化，进一步融入企业 |
| 潜在忠诚客户 | 该类客户虽然对企业产品或服务表现出较高的满意度、信任度、偏爱等情感忠诚，但由于某些客观因素或营销情境的限制，使其在行为上并未采取持续购买的行动 | ·对该类客户情感与行为不一致的原因进行深入分析，采取针对性措施，帮助客户克服购买产品的阻碍因素，将其转化为真实忠诚客户<br>·可根据具体原因，采取针对性促销策略、降低准入门槛、降低客户转移成本、集中性传播说服性信息等措施 |
| 虚假忠诚客户 | 该类客户虽然对企业产品或服务表现出重复购买的行为，但在情感上对企业品牌的认同和满意程度并不高，且极易流失或转为竞争对手的客户 | ·通过提升产品或服务质量，消除客户的不满意因素，加强与客户之间的情感和信任感的建立<br>·通过提高客户转移成本、制造信息障碍、发起针对性促销活动等方式，尽力阻止客户流失的情况发生，并尽量消除客户流失的主客观因素 |

［资料来源］笔者根据 Brian Ward 提出的"客户忠诚矩阵"概念整理归纳而得。

### 5.3.4.3 增加客户信任

客户信任是一种双向关系，其建立需要服务人员借助各种营销手段同客户进行情感交流，了解并满足客户的需求，让客户在这个互动过程中提升信任感。在从业人员与客户的业务或非业务沟通交流过程中，可以通过以下交流方式增进与客户的情感，从而达到提升客户信任度的效果。

（1）学会倾听。集中注意力去聆听、观察和分析客户的语言、表情和肢体行为所透露的信息，探求客户内心真实的想法，并根据其内心真实需求采取特定的方案与客户建立信任关系。

（2）经常联络。制定适当的定期或不定期客户拜访计划、电话回访计划等，经常与客户取得联系，实时掌握客户动向，不能因为客户忠诚就忽略关系的维系。同时需注意与客户联络时的方式方法和频率，避免引起客户的反感。

（3）投其所好。根据客户的兴趣偏好，与客户谈论其感兴趣的话题，建立私人朋友关系，通过建立同类人友谊关系，提升客户的信任度和好感度。

（4）相信产品。说服客户相信企业提供的产品效用和服务体系，并让客户相信企业的产品和服务能为其带来具体的好处，从而使客户对企业提供的产品和服务产生深入了解和信任。

（5）语言设计。与客户沟通过程中，需要注意用语技巧，在展现语言专业性的同时，还应展现一定的情感性，使沟通用语具有逻辑说服力和感染力。

（6）以诚相待。尝试站在客户角度思考问题，以真心实意对待客户，不要一味地为了满足业绩需要而进行营销，尽量诚恳待人，避免与客户之间的沟通交流过于虚假且流露出较强的目的性。

### 5.3.4.4　提高客户转移成本

客户转移成本是指客户终止与某企业的客户关系，转而与其他企业建立客户关系时所发生的成本，包括利益损失成本、关系损失成本、组织调整成本、对新供应商的评估成本、掌握新产品使用方法的学习成本等。客户转移成本不仅包括经济上的损失，也包括精力上、时间上和情感上的损失。在金融业的产品服务中，转移成本是普遍存在的，对于客户而言，较高的转移成本会显著增加客户在本企业的重复购买和行为忠诚。提高客户转移成本的具体措施有：

· 实行交叉销售，使客户能在一家企业中接触到多样化、全需求覆盖的产品及服务内容。

· 精确营销，实施客户终身价值管理，积极配合客户生命周期各阶段的不同需求，制定精确营销方案吸引并保留优质客户。如果客户在一家金融企业就能满足其各阶段的不同需求，则转移至竞争对手企业的概率就会自然下降。

· 提供特色化服务产品或个性定制类产品，使客户无法在竞争对手企业提供的方案中寻找到同质产品和服务，从而增强其在本企业的反复购买行为，同时也会使客户在权衡转移成本后，在心理上产生依恋心理，最终形成客户的转移壁垒。

· 加强情感维护，提高客户的心理转移成本。有时候，有效的客户转移成本更多的是心理成本，客户是否更换金融服务提供商，很大程度上取决于其对从业人员的信任度及人际交往程度。因此，金融企业从业人员除了为客户提供金融专业支持以外，还应与客户维持稳定且良好的互动关系，使客户从与员工的业务交流过程中获得比资产增值收益更高的心理满足。

### 5.3.5 金融客户流失管理与挽留策略

客户流失是指由于客户自身原因、企业原因或外部环境原因导致的某企业现有客户与企业中止合作，转而购买其竞争对手的产品或服务的现象。对于金融企业而言，在客户关系的建立阶段、提升阶段、维护阶段随时都可能出现与客户关系破裂。如果金融企业没有尽快及时地对已破裂客户关系进行维护，则可能造成客户的永久性流失；而如果金融企业能够及时采取有效的挽留或服务补救措施，则可能使破裂的客户关系得到修复。在对金融企业的客户流失管理中，从业人员应具备应对客户流失的正确态度，认真分析流失原因，并采取相应的防范措施，对存在流失的客户实施适当的挽留策略。

#### 5.3.5.1 正确看待金融企业的客户流失

有时候，一位优质客户的流失不仅会使金融企业丧失这位客户带来的利润，还可能会造成企业负面口碑的传播，造成企业因此丧失其他潜在客户可能带来的价值；但有时也存在客户流失对企业有利的影响，比如流失客户是对企业贡献度低且维持成本高或信用违约风险较大的客户，其流失反而有利于金融企业降低维护成本和客户违约成本，还可因此降低客户负责人的责任风险。

#### 5.3.5.2 客户流失原因分析

面对流失客户，在判断是否能挽留、是否值得挽留之前，首选需要分析造成客户流失的原因。由于金融产品及服务属于无形产品，其满足的是客户对资金融通的相关需求，这种需求不像通信、医疗、饮食这种日常生活必需品一样一直存在，而是会因为客户的不同生命周期、客户的投资观念态度、宏观经济环境、金融产品收益率的高低变化、金融服务失误等多种因素而发生较大的改变，从而造成客户对金融产品的消费态度的改变，产生金融账户转移、投资资金退出、更换金融产品提供商等流失行为。图5-3为金融客户流失的原因提供了一个基本分析框架，供从业人员对客户流失行为进行分析和反馈。

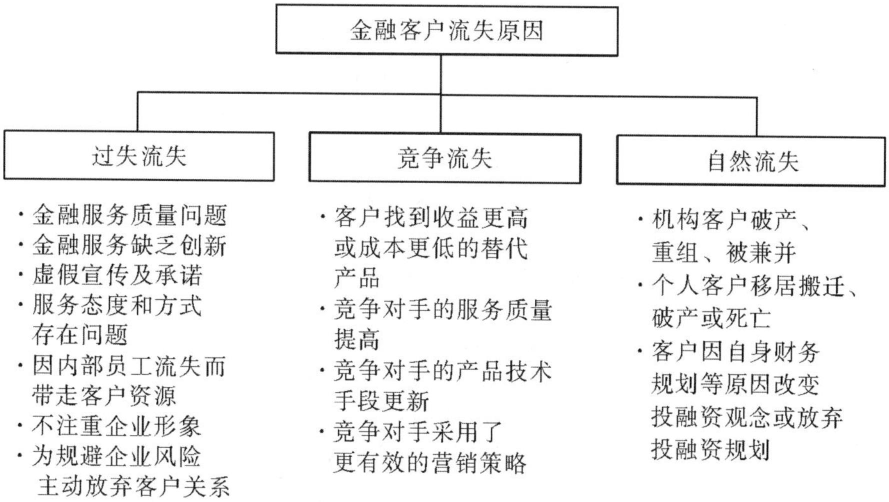

**图5-3 金融客户流失原因分析框架**

[资料来源] 杨敬舒. 金融客户关系管理 [M]. 北京：中国财富出版社，2017：161-163.
图表为笔者根据相关资料内容自行整理绘制而得。

### 5.3.5.3 客户挽留策略

随着我国金融市场的日益繁荣，金融各大细分市场的竞争也随之加剧，加之国家为了规范金融市场监管及运作，频繁出台各类金融新规，促使金融机构的运营管理及客户群体投融资行为模式都逐渐发生转变，造成各类金融机构面临更为复杂的客户流失问题。部分金融机构甚至专门为解决客户流失问题设立了客户挽留服务岗位，培训专员处理客户流失问题。在进行金融客户挽留工作时，可以参考表5-10的内容，根据不同情境采取不同的客户挽留策略。

**表5-10 金融客户挽留策略及经验汇总**

| ① | 对已流失客户的挽留措施 | ·设法记住流失客户的名字和联系方式<br>·在最短的时间内用电话联系或直接访问，诚恳地表示歉意并送上礼品，虚心听取他们对服务的意见和要求<br>·尽量消除客户的不愉快和不满，准确记录客户意见，并协商解决方案<br>·在满足客户合理要求之后，提出挽留建议<br>·制定措施，改进工作中的不足，预防问题再次发生<br>·总结竞争对手的做法，设法超越竞争对手的服务质量 |
|---|---|---|

表5-10(续)

| ② | 对不同客户实施区别挽留 | ·对关键客户的流失要极力挽回<br>·对普通客户的流失要尽力挽回<br>·对小客户的流失灵活应对,若挽留难度小,则采取挽留策略;若挽留难度大,则可放弃挽留<br>·对劣质客户的流失则可顺其自然,任其流失;对于一些问题客户,可故意设置壁垒和门槛,将其排除在外 |
|---|---|---|
| ③ | 制定优质客户定向维护方案 | 一些中高端优质客户的流失与否严重依赖于为其服务的岗位人员,因此可有针对性地制定优质客户定向维护方案,并纳入客户经理的业绩考核指标中:<br>·客户维护指标考核<br>·客户反馈指标考核<br>·客户日常和定期维护计划完成情况考核 |
| ④ | 实施客户流失名单化管理 | 针对客户流失问题,金融机构的相关负责人员应详细分析客户流失的特点、流失客户的类型以及流失背后的内外因素,重点梳理客户流失名单。流失客户名单的制定包括但不限于以下项目:<br>·客户姓名<br>·客户年龄、性别、工作、受教育情况等基本信息<br>·账户级别<br>·资产详情<br>·产品持有情况<br>·客户经理<br>·是否为中高端客户<br>·是否为公司潜力客户 |
| ⑤ | 客户流失经验与教训总结 | 客户挽留人员应随时对客户流失的原因、挽留客户的措施及其效果进行总结,防止流失现象再次发生,不断改进工作中的不足:<br>·总结客户流失的方式、特征、原因、影响<br>·对客户流失进行提前预警设置<br>·尽快发现市场变化、产品和服务的缺陷,并提出补救措施 |

[资料来源] 杨敬舒. 金融客户关系管理 [M]. 北京:中国财富出版社, 2017:166-169. 表格内容为笔者根据相关资料重新整理修改而得。

# 5.4　金融业务谈判能力构建

## 5.4.1　谈判能力的开发和利用

在金融业务执行过程中，业务人员在面对客户、合作方、竞争方等企业外部沟通对象时，其谈判能力的高低决定了是否能有效获取优质客户、达成业务合作、为自己及企业争取更多资源、在竞争对手面前赢得业务优势。金融业务谈判能力是指业务执行人员所具备的更好完成业务谈判工作的特殊能力，包括在业务协商过程中展现的专业能力、思维能力、观察能力、反应能力和表达能力的总和。而这些谈判能力的施展效果又决定了一个人所拥有的谈判力的大小。所谓谈判力，即指业务谈判者在谈判中占据优势或增大获胜概率的能力。

### 5.4.1.1　谈判力在业务谈判中的重要性

谈判力在业务谈判中的重要性在于，它赋予了谈判者战胜对手的优势。拥有谈判力优势的谈判者通常希望用它来确保自己分得更大份额的谈判成果，或达成符合自己初始期望的解决方案。若业务人员了解谈判对手方的实力与自己相当，能在同等条件和优势的情况下进行合作性谈判时，则不注重对谈判力的寻求。只有当谈判者在业务中有明显的"不至于输掉谈判"（防守式谈判）和"能够控制谈判"（进攻式谈判）需求时，才会导致对谈判力的寻求。

·谈判力对防守式谈判的<u>重要性</u>。当谈判者认定自己目前掌握的业务优势等条件逊于对手时，或在获知业务对手方已拥有了更多的谈判筹码时，他们会寻求谈判力来抵消或抗衡对手的优势。

·谈判力对进攻式谈判的<u>重要性</u>。当谈判者认为在业务谈判中可以乘胜追击并增大得到满意结果的可能性时，则寻求谈判力的增加是在即将开始的谈判中获取或维持己方优势的必要条件。

由上述两种谈判情景中可以看出，人们在业务协商中对谈判力的寻求涉及有关战术的问题。有关战术可以用来增强谈判一方的谈判力或削弱对方的谈判力，从而创造谈判双方的谈判力均衡，或创造一种谈判力差距，使自己能在业务谈判中获取明显胜利。

### 5.4.1.2　谈判力的获取渠道

谈判力一般可分为专家力、奖赏力、强迫力、合法力以及对象力五种，其中，专家力体现的是谈判者对某一业务领域的专业主题有独到而深入的信息分析及掌控能力；奖赏力体现的是谈判者对完成任务的人的奖赏能力；相反，强迫力体现的是谈判者对任务未完成者的惩罚能力；合法力体现的是谈判者在其所代表的企业组织中所拥有的职位或权力；对象力体现的是谈判者在个性、处事风格、诚信度等方面所积累的威望。

业务谈判人员想要获取上述五种力量并组合形成自己的谈判力，则需要从信息、个性及个体差异、职位、人际关系、环境等源头进行培养和塑造。谈判力资源的获取渠道及其为谈判力塑造提供的内容支持如表5-11所示。

表 5-11　谈判力的主要来源

| 谈判力来源 | 来源的具体内容描述 |
| --- | --- |
| 专业信息 | ·数据：对业务所需数据和资讯的积累和展示，这些数据可用于改变谈判对手对事物的看法和观点。<br>·专业技能：对某一特定业务领域出现的问题、形势等相关信息的处理和运用能力。<br>·专业权威：对专业数据和信息分析能力的积累使其处于某一领域的权威地位，使其提供的方案具有较强的可信度。 |
| 个性和个体差异 | ·心理定位：应用谈判力的广泛性定位<br>·认知定位：谈判力的意识形态<br>·动机定位：应用谈判力的动机<br>·性情和技能：对合作和竞争的定位<br>·道德定位：应用谈判力的哲理定位 |
| 职位 | 个人在某一组织或沟通关系中的特定职位会导致谈判力的影响程度不同。这种来源于组织层级中所占据重要职位的正式权力，也称为合法力，它能影响谈判中的下列因素：<br>·预期利益交换<br>·某人为对方付出后的回报<br>·对于不能保全自身之人的潜在义务<br>·资源控制权，包括对企业资金、劳动力、时间及设备的使用和支配权力，主要表现在可利用有形奖励或惩罚来使对方顺从 |
| 人际关系 | ·谈判中各方目标的相互依存程度<br>·出于对他人的信任和尊敬而采取顺从的行动<br>·出于对他人的蔑视而采取与其建议相反的行动 |
| 环境 | 源于谈判发生的内外部环境，一般包括以下几个要素：<br>·业务最佳替代方案的可行性<br>·企业组织和国家文化<br>·是否存在能够直接或间接影响谈判结果的代理人、委托人及观众 |

［资料来源］列维奇，巴里，等. 商务谈判［M］. 王健，译. 北京：中国人民大学出版社，2015.

5.4.1.3　应对谈判力强劲的业务对手的措施

具备强有力的谈判力能够为业务谈判者带来诸多优势，但在有的业务谈判环境中，无论个人能力多强的谈判者都可能因遭遇了拥有更强谈判力的对手而使自己处于谈判力的受力方，即在谈判中处于弱势。因此，在训练个人谈判能力时，还需要研究和总结在业务谈判中作为弱势方时的应对方法和措施。以下是一些在业务谈判中常用于应对谈判力强的人的方法和措施，供业务谈判人员参考与获得启示。

（1）永远不要和对手做零和博弈。谈判中的零和博弈是指在激烈的竞争性谈判过程中，造成一方收益而另一方必然损失的结果，使谈判双方的收益和损失相加永远为零。这种在一笔业务谈判中不成则败的处理模式，会使谈判力弱的一方必然蒙受损失。因此，如果认定己方处于谈判力弱势，则应与多个对手方进行合作来分散风险，而不是锁定在一家对手身上做业务，这样才不会使任何一个谈判力强的对手在与自己的谈判中处于绝对优势。

（2）分割对手方的力量。在与一个谈判力强的团队打交道时，应尝试与对手方的团队成员进行分别沟通，尝试与对手方建立多种关系，将对手拆分变小，使自己通过与对手的多样化关系寻找到对方组织成员中的多重利益点，分割并战胜之。

（3）通过连续交易建立动力。通过在早期业务交易中建立关系，与谈判力强的一方强化关系，因此可以在谈判力强的对手中，选择可以给自己带来最大收益的目标人，增加与其交易的可能性。

（4）运用竞争力去平衡谈判力的缺陷。寻找自己在业务中能提供的一些有利条件，向多个谈判力强的对手同时提供，让不同的谈判力强劲对手为这一有利条件彼此竞争，便有可能会导致其中一些对手由于不想看到其竞争对手获利而与自己达成协议。

（5）大量提问以获得更多信息。谈判力弱的谈判者可以在业务谈判中提出更多诊断性的问题，并时常表现出合作意愿，这样的行为有可能能为谈判带来更好的结果。

## 5.4.2　谈判用语技巧

在业务谈判中，除了使用谈判力战术以外，具体的交流用语技巧也会影响业务谈判的过程及结果。谈判中的常见用语模式包括拒绝、赞美、论辩、说服、提问以及陈述。

### 5.4.2.1　拒绝的技巧

在谈判中，若双方利益不能达成共识，则会出现各种拒绝的情况。但为了避免被拒绝后谈判彻底破裂，还能继续保持业务往来，则需要认真分析对方的特点，选择合适的拒绝方式，如表5-12所示。

表 5-12  拒绝技巧总结

| | | 技巧说明 |
| --- | --- | --- |
| 拒绝方法 | 问题法 | 面对业务对手的过分要求，可提出一连串问题或反问，无论对方是否回答这些问题，其目的仅在于使对方明白其要求已超出己方能接受的范畴 |
| | 借口法 | 若谈判对手方与自己有长期的业务合作往来关系，简单拒绝过于直白和不留情面，则可采用一些无法推脱的借口来进行拒绝 |
| | 补偿法 | 在拒绝的同时予以其他方面的补偿，以缓和关系 |
| | 条件法 | 在拒绝对方前，先要求对方满足自己的条件。若对方能接受条件，则满足对方要求；若对方无法接受条件，则自己也同样无法满足对方要求 |
| | 不说理由法 | 在对手准备了无可辩驳的理由时，或无法在理由上占优势时，则不需要为拒绝做任何解释，直接说不 |
| | 幽默法 | 当遇到不好正面拒绝，或对方坚决不肯接受要求或条件时，可以不直接拒绝，相反，先表示全盘接受，然后根据对方的要求或条件推导出一些荒谬、不现实的结论来，从而加以否定 |
| 注意事项 | | ·拒绝时不能使用教训、嘲弄等使对方反感或尴尬的语气<br>·端正拒绝态度，要明白拒绝本身是一种手段，而不是目的<br>·在需要拒绝老熟人、老朋友、老客户的一些自己无法办到的要求时，要行事果断直接，不拖沓，不要顾及对方面子 |

［资料来源］孙科炎. 业务谈判技能案例训练手册2.0［M］. 北京：机械工业出版社，2013.

### 5.4.2.2  赞美的技巧

适度地赞美对方，可以创造一个良好的谈判氛围，博得对方的好感，并使谈判双方人员的心情愉悦，从而加速谈判交易的快速达成。但同时，赞美方式不得当，诸如赞美用词过于浮夸、不真诚等，也会造成相反的效果，阻碍谈判达成。因此，在使用赞美时，需要遵循一些必要的原则，如表5-13所示。

表 5-13  赞美技巧总结

| | 技巧说明 |
| --- | --- |
| 赞美原则 | ·使赞美发自真心而不是谄媚的恭维<br>·态度真诚，与对方有目光交流<br>·赞美的话要显得实在，不过于浮夸<br>·要做到恰如其分<br>·赞美要具体 |

表5-13(续)

| | 技巧说明 | |
|---|---|---|
| 赞美方式 | 亲自赞美 | 自行编撰赞美之词 |
| | 借用第三人的口吻赞美 | 借助第三人的口吻赞美对方，避免谄媚之嫌 |
| | 转述赞美 | 向第三人赞美对手，让其将赞美有效地转达给对手 |

［资料来源］孙科炎. 业务谈判技能案例训练手册2.0［M］. 北京：机械工业出版社，2013.

### 5.4.2.3 论辩的技巧

掌握论辩的技巧可以帮助自己在谈判中驳倒谈判对手，从而使其改变原有的合作要求，向己方的谈判条件和期望逐渐靠拢。论辩常用于己方在辩论中为获得更多利益而寻找或转变谈判主动权，其主要原则和表现方式如表5-14所示。

**表5-14　论辩技巧总结**

| | 技巧说明 | |
|---|---|---|
| 论辩原则 | ·客观真实性：辩论内容不掺杂任何主观方面的臆断和看法<br>·刚柔并济性：论辩的姿态不能一味强硬，或一味柔弱，需要相互结合<br>·针对性：集中力量针对对方的要点进行反驳，保证一语中的 | |
| 表现方式 | 借力打力 | 依据对方的观点，将对方观点引入另一种不适宜的场景中，从而攻破对方的观点 |
| | 顺水推舟 | 谈判对手的观点可能隐含着另一种于己有利的观点，发现后则可顺水推舟，将对方观点与自己的观点有效结合起来 |
| | 釜底抽薪 | 分析谈判对手表述观点的依据，对依据加以反驳，就会起到推翻对方观点的效果 |
| | 暂时休兵 | 如果己方的论辩暂时处于下风，则可考虑终止论辩，保持沉默 |

［资料来源］孙科炎. 业务谈判技能案例训练手册2.0［M］. 北京：机械工业出版社，2013.

### 5.4.2.4 说服的技巧

用诚挚的态度说服谈判对手，可以帮助谈判双方有效寻求一个可以达成合作的平衡点，为最终的合作共赢奠定基础。在业务谈判中，说服对方接受自己的观点这一谈判行为几乎贯穿谈判始终，说服的实施原则和注意事项如表5-15所示。

表 5-15　说服技巧总结

|  | 技巧说明 |
|---|---|
| 说服原则 | ·真实性：说服对方要有事实依据或者相关信息的证明资料<br>·和谐沟通性：说服对方时，确保谈话态度是和谐的，不要使用任何欺骗、恐吓的语言<br>·循序渐进性：说服对方要有耐心，不能一蹴而就 |
| 注意事项 | ·先认同，后说服<br>·选择好的时机<br>·保持耐心，不急于求成 |

［资料来源］孙科炎. 业务谈判技能案例训练手册 2.0［M］. 北京：机械工业出版社，2013.

### 5.4.2.5　提问的技巧

巧妙而适当的提问，可以快速摸清对方的需求，把握对方的谈判心理，同时也能够向对方清晰地表达自己的谈判合作思想。但有时，若对提问的方式运用不当，不仅不能得到想要的回答，反而会引起对方的反感，造成谈判僵局。谈判中可运用的提问方式和注意事项如表 5-16 所示。

表 5-16　提问技巧总结

|  |  | 技巧说明 |
|---|---|---|
| 提问方式 | 引导性提问方式 | 对答案有强烈的暗示性提问 |
|  | 坦诚性提问方式 | 一种推心置腹的友好性发问 |
|  | 封闭式提问方式 | 足以在特定的领域中带出特定答案的问句 |
|  | 协商性提问方式 | 用商讨的语气向对方发出提问 |
| 注意事项 | ·避免追问对方个人或企业的隐私问题<br>·对方拒绝回答问题或刻意避开问题时，则不要再提<br>·对于提问获得的答案要及时且准确地加以记录 | |

［资料来源］孙科炎. 业务谈判技能案例训练手册 2.0［M］. 北京：机械工业出版社，2013.

### 5.4.2.6　陈述的技巧

做好谈判的陈述，可以清晰且有逻辑地表达己方观点，也能让对方清楚自己给出的条件和合作诚意，从而获得更多的信任，在信任基础上再对具体合作条件深入展开谈判和协商。陈述其实就是把己方观点精确、详细地表达出来，其基本要求和注意事项如表 5-17 所示。

表 5-17　陈述技巧总结

| | 技巧说明 |
|---|---|
| 陈述要求 | ·安排合适的陈述对象：根据谈判重要程度，选择身份职位匹配的人进行陈述<br>·做好陈述时间安排：陈述时间不宜过长，提前规划好每个要点所需时间<br>·及时查看对方的反应：根据对方反应做出及时判断，调整陈述思路<br>·确保陈述主题层次分明：安排好陈述的次序，一般使用的陈述次序为"摆事实→找原因→寻出路" |
| 注意事项 | ·谈判的开题陈述要迂回，不可单刀直入<br>·陈述要点先从具体细节出发，后谈原则性问题<br>·开场陈述简洁精准，杜绝繁琐 |

［资料来源］孙科炎. 业务谈判技能案例训练手册 2.0［M］. 北京：机械工业出版社，2013.

# 【实训项目七】　金融企业外部职能角色互动实训

## ■实训目的

1. 让学生在实训模拟中体验金融机构主要职能角色的对外工作方式方法，并根据自己的职业性格，结合目标客户的具体情况，创新执业模式，包括对营销模式的改进和创新、与竞争方的合作模式创新等，从而提高个人及团队工作业绩。

2. 使学生在与客户、竞争对手及合作方进行业务协商沟通中，能将自己所习得的专业知识融会贯通、综合运用。

3. 考查学生在金融执业过程中对职业道德的遵守情况，并学会在职业道德标准的约束下，以金融企业业绩考核标准为目标，完成各项销售及非销售类金融业务。

4. 无论是扮演金融企业前台职能角色还是中后台职能角色的同学，应通过实训掌握最基本的"以客户为导向"的执业模式，并以提高客户满意度和忠诚度为目标，对执业过程中的不足之处予以不断改善。

## ■实训要求

1. 请团队组扮演各职业角色的同学，按照"实训项目"中的岗位任务分配和业绩考核标准，各司其职，执行团队产品及服务营销项目，并在和其他团队外部角色互动中完成项目经理制定的个人业绩，在保证个人业绩得以完成的基础上，协助其他团队成员达成其业绩，使团队整体业绩得以提升。

2. 请个人组的同学按以下要求参与各团队组的业务互动：

（1）扮演经纪人的同学，请按照"实训项目"中拟定的"经纪人执业方案"，在各类金融团队中寻求一个或多个团队洽谈协商并签订合作协议，按合作协议的具体内容拓展经纪业务；

（2）扮演职业投资人的同学，请按照"实训项目"中拟定的"个人投资方案"对投资领域、目标和风险的需求，在各类金融团队中咨询其金融业务或金融产品，筛选是否存在适合自己投资方向的金融产品；

（3）扮演其他自设角色的同学，请按照"实训项目"中拟定的"个人金融理财规划"的理财目标和对储蓄、投资、保险等方面的规划方案，在各类金融团队直销或经纪人代销的产品中，寻找能与自己理财方案匹配的理财产品组合。

3. 在互动过程中，团队组的成员需要将自己的工作内容，以及与客户、竞争者或合作者之间发生的业务交流及成果记录在"团队组业务记录及评价表"（表5-18）中，并将该表交给项目经理，由团队项目经理负责在该表中对自己的专业性、团队协作性、工作态度、业绩完成情况进行评价；个人组的成员也需要将自己在与团队和其他个人互动中所咨询及促成的业务内容记录在"个人组业务记录及评价表"（表5-19）中，并在该表中对与自己有过业务交流的金融服务人员进行满意度评价。

## ■团队组业务记录及评价表（5-18）

表5-18　团队组业务记录及评价表

| 个人业务记录<br>（由团队组成员自行填写） | | |
|---|---|---|
| 互动角色 | 业务交流记录 | 业务交流成果 |
| 潜在客户 | | |
| 竞争者 | | |

表5-18(续)

| 合作者 | | |
|---|---|---|

| 个人职业能力评价<br>（由所属团队的项目经理填写） | |
|---|---|
| 评价项目 | 评价内容 |
| 专业能力 | |
| 团队协作能力 | |
| 工作态度 | |
| 业绩完成情况 | |

模块五　金融企业外部环境中的职业能力构建

## ■个人组业务记录及评价表（表5-19）

表5-19　个人组业务记录及评价表

| 业务咨询及办理记录 | | | |
|---|---|---|---|
| 互动角色<br>（姓名） | 所属团队<br>（公司名称） | 业务咨询记录 | 业务办理结果 |
|  |  |  |  |
|  |  |  |  |
|  |  |  |  |
|  |  |  |  |
|  |  |  |  |
|  |  |  |  |
|  |  |  |  |

金融服务满意度评价
（在对应的一项满意程度下打钩"√"）

| 公司名称<br>（填写有业务往来的团队名称） | 非常满意 | 满意 | 一般 | 不满意 | 差评 |
|---|---|---|---|---|---|
|  | □ | □ | □ | □ | □ |
|  | □ | □ | □ | □ | □ |
|  | □ | □ | □ | □ | □ |
|  | □ | □ | □ | □ | □ |
|  | □ | □ | □ | □ | □ |
|  | □ | □ | □ | □ | □ |

| 服务人员<br>（填写与自己有过直接咨询服务交流的团队成员名称） | 非常满意 | 满意 | 一般 | 不满意 | 差评 |
|---|---|---|---|---|---|
|  | □ | □ | □ | □ | □ |
|  | □ | □ | □ | □ | □] |
|  | □ | □ | □ | □ | □ |
|  | □ | □ | □ | □ | □ |
|  | □ | □ | □ | □ | □ |
|  | □ | □ | □ | □ | □ |

对金融企业服务改进的意见和建议

# 参考文献

［1］罗万·贝恩. 职场心理类型（MBTI 视角）［M］. 孙益武，译. 上海：上海财经大学出版社，2016

［2］堂娜·邓宁. 你的职业性格是什么？ MBTI16 型人格与职业规划［M］. 杨良得，译. 北京：电子工业出版社，2009

［3］麦可思研究院. 2018 年中国本科生就业报告［M］. 北京：社会科学文献出版社，2018.

［4］猎聘大数据研究院. 中国经济结构、人力资源和就业创业大数据分析年度报告 2017［M］. 北京：人民日报出版社，2017.

［5］王国刚. 中国金融发展报告（2017）［M］. 北京：社会科学文献出版社，2017.

［6］张兵仿. 大学生职业生涯规划［M］. 北京：时事出版社，2016.

［7］陈姗姗. 大学生职业生涯规划与就业创业指导［M］. 重庆：重庆大学出版社，2017.

［8］姚裕群，曹大友. 职业生涯管理［M］. 大连：东北财经大学出版社，2015.

［9］李家强. 从职场新人到职场精英［M］. 北京：电子工业出版社，2015.

［10］JOSEPH A DEVITO. 最有效的沟通［M］. 余瑞祥，等译. 北京：中国人民大学出版社，2014.

［11］吉布森. 组织：行为、结构和过程［M］. 14 版. 王德禄，等译. 北京：电子工业出版社，2015.

［12］劳里·马林斯，吉尔·克里斯蒂. 组织行为学精要［M］. 3 版. 何平，等译. 北京：清华大学出版社，2015.

［13］杰纳兹. 职场沟通自修课［M］. 孙相云，等译. 北京：中国人民大学出版社，2017.

［14］李建，王雅丽，陈洁. 金融营销［M］. 北京：国防工业出版社，2013.

［15］韩宗英，伏琳娜. 金融营销［M］. 北京：清华大学出版社，2016.

［16］杨敬舒. 金融客户关系管理［M］. 北京：中国财富出版社，2017.

［17］孙科炎. 业务谈判技能案例训练手册 2.0［M］. 北京：机械工业出版社，2013.

［18］罗伊·列维奇，布鲁斯·巴里，戴维·桑德斯. 商务谈判［M］. 王健，等译. 北京：中国人民大学出版社，2015.